散文集

有知己相伴

上官阿雅◎著

U0825860

有一种对视是隔着万水千山的，

横竖都是距离……

可是很难忘……

像茶，像清风，像云朵，

你会为此而动了真念想……

天津出版传媒集团
百花文艺出版社

图书在版编目（CIP）数据

有知己相伴 / 上官阿雅著 . -- 天津 : 百花文艺出版社 , 2021.8
ISBN 978-7-5306-8129-9

Ⅰ . ①有… Ⅱ . ①上… Ⅲ . ①散文集—中国—当代
Ⅳ . ① I267

中国版本图书馆 CIP 数据核字 (2021) 第 130761 号

有知己相伴
YOU ZHIJI XIANGBAN
上官阿雅 著

选题策划： 董满强 **责任编辑：** 于静筠
执行编辑： 王 欣 **封面设计：** 陈丽维
出版发行： 百花文艺出版社
地址： 天津市和平区西康路 35 号 **邮编：** 300051
电话传真： +86-22-23332651（发行部）
+86-22-23332656（总编室）
+86-22-23332478（邮购部）
主页： http://www.baihuawenyi.com
印刷： 廊坊市海涛印刷有限公司
开本： 710 毫米 ×1000 毫米 1/16
字数： 150 千字
印张： 15
版次： 2021 年 8 月第 1 版
印次： 2021 年 8 月第 1 次印刷
定价： 49.00 元

如有印装质量问题，请与廊坊市海涛印刷有限公司联系调换
地址 : 安次区码头镇金官屯村
电话 :（0316）2507000 邮编 :065003
版权所有 侵权必究

序

说与读者……

上官阿雅

在西去的列车上，我结识了三位老乡，他们就和我对床而居。是火车里最近的邻居，他们三个都是瓦匠。粗糙的脸，粗糙的手，粗糙的言谈举止。饿了，呼噜呼噜地吃泡面，渴了，大杯子喝浓茶，困了，倒头就睡……

他们夏天来西北，冬天去南方……

他们的内心似乎有一座炼钢厂，人粗糙且古道热肠，在这沙漠腹地。

我问他们中的一位老大："这是回老家？"

他回答："嗯！"

我说："已经干完活了？"

他说："应该说是不能干活了，天冷了，该去南方干活了。"

我问："一年四季总是这样吗？"

他望着窗外爽快地说："夏天来西北，冬天去南方，这次回老家。"

我吃惊着……

我说："一年收入很高吧？"

他平静地说："不算太高，还可以。可是也买了车，在省城买了大平方的楼，农村也有像样的房子和院落，也有地。我是个瓦匠，我只会干瓦匠，我就做瓦匠，一生只做一件事吧！"

最后一句话惊了我的心……

一生只做一件事，任尔东西南北风！多么亮烈多么深厚的豪言壮语！这便是匠心所在啊。

反思，我都做了什么？我做得很多，毕业后，扮演着社会各种小角色。教书，做记者，浪迹于社会不同阶层。在尘土飞扬里奔走，在田间地头同老乡聊家常，坐在他们的炕头吃饭，也呼号着写他们面临的尴尬难当的大事和小事。然后当编辑，做母亲，深浅的脚印，诚恳无欺。响应国家号召要一个孩子，然后我拿着笔，拖着他辛苦地把他养大。繁忙交错的日子，对文字和文学却依然尺素寸心。

风吹浮世，岁月滚滚而去……

现在的我，定居北京。

走着走着，已长了年纪，当年的一切远去，人也散了，生命的微茫与悲喜已明白了大半。剩下的就是我从心里流出的一颗颗洁净的字。

一生只做一件事，任尔东西南北风吧。如果爱在这个世界不过期，我写的作品就不会过期，我坚信。

你看那山顶的雪已化了，3月的樱花铺天盖地，接着是漫天春光染绿了所有的路，就在这样的春天里，别多语，阅读，写字，看花看草，寸寸生命都有意义。

有生之年，我把时间交给了写作，文字的林荫道上，兀自妖娆……也许当我老了，衰老逼近我的那天，我依然游荡在这片远远近近的森林里，浪迹于这里的万水千山，我的文字就是我的情人……

刚好在这个春天，我的又一本书《有知己相伴》与读者见面了，谢谢百花文艺出版社的编辑，谢谢满强。

2021年4月1日于北京

目录

CONTENTS

第一章

有知己相伴

一场暗恋，在孤独痛苦的青春期，没有任何解药。而整个故事，从纯白到蓝紫，单纯干净，无人知晓啊，那真是无人知晓的伤怀和痛苦。

青涩暗恋

一

那时做记者，某报纸副刊发起一个恋爱故事征文大赛。在采访的工作车上，几位记者哥们儿嘻哈瞎侃。扬言谁在这一路上能完整地写出一个合情合理的初恋故事，可以一顿大餐伺候。车窗外，是闪过的树木原野，白色的羊群，无边无际的草原和花朵……

关于赢大餐的话，一概尽忘。

但灵感如溪流，遂拿来几页纸，垫于膝盖上。眼前辽阔无边，那山水草木皆成文字里的汪洋，这篇小文便诞生了。

后来此文走失，流浪于网络，昨日在几家论坛上又看到了它。

二

遇见和离散都是定数，年少的我，可能是恋爱了，确切地说是暗恋。

直至人长大了，毕业后入职，身边的伙伴都乾坤已定，而我呢，手提行李箱，怀揣毕业证，依旧是一枚踽踽独行的单身狗。

一场暗恋，在孤独痛苦的青春期，没有任何解药。而整个故事，从纯白到蓝紫，单纯干净，无人知晓啊，那真是无人知晓的纯粹伤怀和痛苦。

三

姥姥住在一个北方小镇，田园诗一般美丽，我和表哥，每年暑假都去。那院子一到夏秋季节，宛若天堂……

姥姥坐在摇椅上，眯眼看着她的园子，轻声地哼唱苏联歌曲《苏丽珂》……

为了寻找爱人的坟墓，
天涯海角我都走遍。
但我只有伤心地哭泣，
我亲爱的你在哪里？
但我只有伤心地哭泣，
我亲爱的你在哪里？
丛林中间有一株蔷薇，
朝霞般地放光辉，
我激动地问那蔷薇，
我的爱人可是你。
……

姥爷早逝，我的姥姥再没嫁人。

我轻轻地走到姥姥的身边，依偎着她，和她一起合唱《苏丽珂》……

这首格鲁吉亚民歌，优美的旋律穿过了我的心田，那是我 15 岁以后最难忘记的歌，那时光也因这首歌，折射出动人的光辉。

四

风吹浮世，姥姥家的园子是我的上辈子。假如童年，有一个地方让我心动，那就是曾在姥姥家居住过的那个小镇……

七月流火季，那篱笆上，豌豆花红如火苗，大丽花如肥美的丽人，一丛丛地倚在栅栏旁，慵懒而旁若无人。挨着她的还有深紫色的蜀葵，灿烂的黑心菊。接着是五颜六色的步步高、姜刺辣（据说它叫非洲菊），还有扑在地面上蓝得俏丽的鸢尾花，夜来香傍晚鬼魅地盛开了。

胭脂豆也是“鬼花”，夕阳西下满地盛开，像一场鬼魅的圆舞。它的花瓣能染指甲，我掐了来，把指甲染得玫红漂亮。

还有仪态万千的虞美人，更是风姿绰约，眉眼甚媚……

廊下是姥姥那把风烛残年的老摇椅，坐上去咯吱咯吱响。我坐在上面，迎着徐徐夏风，眯眼看蓝如水洗的天空，一朵一朵排列有序的云朵，看四面的围墙上，爬满了蓝色的夕颜花，夹在里面的狗尾草，还有茅夷草白如雪美如风……

好吃好喝的，当然也应有尽有。想吃，园子里有碧绿的黄瓜，带花纹的像皮球一样的西红柿，黑如珍珠的“甜星星”，毛茸茸的“金姑娘”。都是顶级人间美味！

在这众多花儿簇拥的窗下，有一棵长势喜人的玫瑰树。树冠很大，一树花开，灿烂无比。树下是姥姥用蓝色碎花棉布蒙好的酱缸，那是她的杰作。

她说："东北人没有酱吃，那是什么过日子人家呢？！"姥姥对酱的制作过程亲力亲为，严谨而认真，所以她老人家做的酱最好吃最醇厚！

五

傍晚的时刻，更是惊险叠加，我和表哥偷偷地潜入生产队的西瓜地旁的玉米地里，敛声屏气，准备偷西瓜。看西瓜的老头儿盯着西瓜地，我们盯着看西瓜的老头儿，那老头儿一脸严肃，黑着脸，坐在高高的大坝上，心无二用，忠于职守。不回家，也不回家吃饭。

我们趴在玉米地里潜伏着，眼看天黑了，表哥有些不耐烦。便从玉米地里探出半截身，用镰刀去钩那西瓜，可是几次都不得手，潜伏在他身后的我，被吓出一身冷汗……

月亮升起来了，表哥站起身，正想去抱那西瓜。就在此时，又一个护青员来了，他在远处大喊一声说："有人偷西瓜！"我和表哥闻听此言，扔下西瓜，魂飞魄散，落荒而逃。

直到安全了，我们俩才算停止奔跑。

表哥喘着粗气，有气无力地对着天空说："没事了！没事了！"

我累得坐在地上，使劲地瞪了他一眼说："差点被人逮住！"

表哥大笑，使劲地盯着我说："叛徒！你后悔啦？偷回来西瓜也不给你吃！"

我说："还偷回来？今后这辈子我们都不要干这样的事！"

表哥龇牙瞪眼地说："你不会是真要叛变吧？我告诉你，小姑娘，你要是叛变说出去，我们是会被生产队带去游街的！"

我抢白地说："那我们也没偷成西瓜呀！"

表哥说："那也不行，这属于偷西瓜未遂！"

我说："那怎么办？"

表哥举起手，趴在我耳边咬着牙根说："必须盟誓，今后谁也不准说出去！这辈子都别说出去。"我将手击在他的手上，也一字一句地说："今后谁也不准说出去！谁要是再干这样的事，谁手生疮，一百年不许变！"

表哥重复："好！一百年不许变！"

我和表哥，一对知己难友，走在月光下，沉默无言。时隔多年了，那是我和表哥两个人的秘密，没有人知道。日后我每每想起这件事，就联想起鲁迅的《故乡》里的片段……

"深蓝的天空中挂着一轮金黄的圆月，下面是海边的沙地，都种着一望无际的碧绿的西瓜，其间有一个十一二岁的少年，项带银圈，手捏一柄钢叉，向一匹猹尽力的刺去。那猹却将身一扭，反从他的胯下逃走了。这少年便是闰土……"

那猹、那月光、那大坝、那碧绿的西瓜地、那少年的城池、那惊险、那原色的岁月，那日子里单纯的妩媚，欢愉成河……

六

有时和表哥一起在姥姥家的园子里掰青玉米，然后姥姥把青玉米糁成玉米饼，蒸成最好吃的青玉米糕，那糕清新香甜好吃得不得了。夏日的傍晚，我们吃着玉米糕，说着小孩子们中意的八卦。笑声像是过滤了一样，美好而琳琅……

偶尔的上午，我会和表哥去几里路外的小河汊钓鱼，表哥扛着鱼竿，我跟在他后面。那日天蓝水清，我白衣蓝裙，兴致勃勃开心无比。我们蹲在草丛里等待鱼咬钩，这时我忽然想起书里的冬妮娅。

我脱口而出问表哥：“表哥你知道冬妮娅么？”

表哥说：“当然知道了，保尔·柯察金、冬妮娅都是《钢铁是怎样炼成的》里的。”

我长叹一声说：“如果我有一顶像冬妮娅那样的帽子就好了！”

表哥一跃而起，将他的军帽子抓成很好看的样子，立定打着军礼说：“嘿，英雄的布尔什维克！”然后将他的帽子扣在我的头上说：“这样不好吗？”

我微笑说：“不好，我还是喜欢冬妮娅那样的帽子。”

表哥瞪了我一眼：“好的，你等着，等我发财了，我一定给你买一个最漂亮的帽子，可不一定是冬妮娅那样的！”

我瞪着表哥说：“不是那样的我不要！”

表哥大笑：“嘿，你还挺挑拣！”

我微笑，不无自豪地说：“只有戴上她那样的帽子才更像冬妮娅啊！”

表哥又是大笑，然后说：“不知羞，我看你像个大冬瓜！”

听到表哥的话，我顿时羞红了脸，抓起手边的一把稀泥，就甩到他的脸上说：“你混蛋你！”我那时有点婴儿肥，表哥戳到了我的底线。我的眼圈红了……

表哥惊叫，他胡噜着脸，跳起身到河边稀里哗啦地洗了脸，然后对着河汊大喊：“我妹是最漂亮的！我妹比冬妮娅漂亮一百倍！我妹不是大冬瓜！”

静静的河岸，回声嘹亮，我破涕为笑了。

那日钓来大约有二斤鱼，有鲫鱼和小银鱼，还有红色的鲤鱼，红色的鲤鱼都舍不得吃啊，就把它养起来。

姥姥用她最好吃的酱作为调料，做成了此生最好吃的美味，可惜再也吃不到了。

这样的暑假，这样的天空，这样的享受。我的日子在这样的假期，风一样的自由，云一样的欢唱……

七

国家恢复高考，表哥顺利考上大学。是年，表哥在师范大学的外语系刚刚毕业，我们都去了姥姥家。

表哥高个儿，他一表人才。表哥对着我笑时常常是先龇牙瞪眼，大笑，露出洁白整齐的牙齿。然后将笑声夸张到我无法忍受。

表哥到了姥姥家，几乎没有安静的时间。他的死党和帮派多得数不过来，今天是初中的哥们儿，明天是高中的同学，还有什么文学沙龙，结拜兄弟……

今天这一伙来，明天又换成了那一伙。可怜姥姥家美丽的园子，成了白色恐怖区和殖民地。这些家伙像一群蝗虫，覆盖在姥姥家的园子，吃喝拿带搜刮。在这被扫荡的日子里，我曾向表哥提出了最强烈的抗议。

可是表哥不听我的，对我的话置若罔闻。他瞪着眼睛，怒目走到我的身旁，只是在我的脑门上轻蔑地弹了两下，然后又浪迹在他的那帮狐朋狗友之中……

姥姥是和事佬，是表哥的傀儡，对我的话置之不理！在这郁闷的日子里，我倍加郁闷！

这日，表哥什么文艺沙龙的死党们集聚在园子里开会，我在廊下偷听。

他们海吹海谈之后，好几个男生将表哥压在下面，让他供出“她”是谁。

“她”是谁呢？

看他们的样子，我已经明白这个“她”的含义。

难道表哥也有了“她”了！我的心突突地跳……

最后表哥缴械投降招供了！我越听越觉得这个世界太玄妙太荒唐太离奇！太不可思议了！表哥怎么会这样？！他怎么可以这样呢？！

我冲到他们跟前，对着表哥就是一顿狂轰滥炸。我说：“表哥你不好好学习，你早恋你，你不听父母的话！你傻帽儿，最后你肯定打光棍子娶不上媳妇！最可耻的是，你小时候还常常尿裤子……”

此时此刻，大家瞬间停止了吵闹和笑声，齐刷刷地看着我，然后是一阵爆笑！

然后他们围着表哥起哄、浑骂、打趣，还给他起了好多绰号。

夕阳西下，他们终于散了。

表哥将我堵在一个旮旯里，狠狠地点着我的脑门子说：“你个叛徒！你怎么说叛变就叛变啊？！”

我理直气壮地说：“那我还没说你爬树偷人家果子，当场被人家捉住的丑事呢！”

表哥气得掐住我的脸蛋，恶狠狠地说：“你还不如说我爬树去偷果子呢！”

这次我彻底把表哥得罪了，“蝗虫”们撤了以后，表哥开始和我冷战。他看见我，就咬牙切齿地瞪我，然后一言不发，大步离开。

其实，我的内心深处是非常爱我的表哥的，我的表哥是我童年的最坚强后盾。每当在外面受欺负了，表哥知道了，肯定会第一个冲到现场。无论有如何不可解的内部矛盾，可是一遇外敌，我们立刻是一致对外的战略伙伴。

记得在初二时，老师布置的一篇作文《记一件有意义的事》，我把我在受人欺负之后，又被表哥解救于水深火热的事写了下来。

结尾是这样掏心窝子的汤汤热语：“谁敢横刀立马，唯我表哥大侠。”

八

眼见就要开学了，一天我欣喜地从外面走进院子。花香小院，安静得出奇。燕子在啾啾地垒窝，黄蜂在玫瑰间欢畅，还有白蝴蝶和蓝蝴蝶像一对神仙，一会儿低旋一会儿又向远飞去。

姥姥家最难得最安静的几天啊，我好奇，我悄悄地走近窗口，可是此时映入眼帘的一幕让我惊呆了！

屋里只有表哥和一位女孩儿坐在床前，我的心怦怦地跳着……

为什么他单单和一个女孩儿坐在这里？

为什么他们这样尴尬地闷坐着？

这一定是表哥的那个“她”了？我的心狂跳不已。看到这一幕，我脸红心跳，我紧张得快要崩溃了……

按捺住紧张的心跳，我的脚步像是粘住了一样，我没有走开，我偷偷地隐在窗下的玫瑰树旁。那女孩儿背对着我，我很好奇，是什么样的人，使表哥如此的心仪和青睐呢？迫切的心想要迫切知道这一切……

半天他们才说话，那女孩儿说：“你想怎么办啊？”

表哥说：“怎么办都行！”

女孩儿说：“什么叫怎么办都行啊？”

表哥沉默……

我半弯着腰，隐身在玫瑰树旁，忍受着玫瑰刺行刑般的折磨，偷看表哥这绝对私密的时刻。

那女孩儿的背影很美，她终于转过身，面向我的时候，我不仅吃了一惊！她和她的背影有着极大的反差，她是一个不算难看的女孩儿。可是她的牙齿却特别的不好看，凭我15岁的眼光，我立刻觉得她是配不上我表哥的！还没等我仔细看个究竟，姥姥从院子里走到窗前，将我扭走。

当我和姥姥安定下来时，姥姥使劲儿地瞪着我。

我一下子搂住了姥姥，将脸抵在她的后背上，顿时我觉得脸烧得难堪极了。

那时我对爱情这两个字的感觉既新奇又模糊，全是文学读本和小说中勾勒的奇思妙想，没有一点实际意义。就像飘在空中的云彩，不能沾染一丝一毫的俗尘俗事。是朦胧的诗情画意，是阳光下两个纤尘不染的情侣，是海市蜃楼中一所不为人知的红房子。是远方的红树林，是鸟儿的歌唱，是雨中那一声轻叹和缠绵的送别。是世界什么都不存在唯有他的那双热切的目光，是“面朝大海，春暖花开”……

园子里僻静的地方，姥姥将手边的竹篮蹾到地上说：“明天你们都回家吧！”

我吃惊地看着姥姥说：“姥姥，我犯什么错了？”

姥姥说：“大姑娘家，你为什么去偷听人家说话？”

我的脸顿时发烧，无言以对……

姥姥说：“你们都这么不听话，都走吧。”

我从后面搂住姥姥说："姥姥……"

我隐忍地将泪水咽下去，意识到从此表哥不会再和我好了。

姥姥命令我坐下来，然后说："你们都要好好的，不要让你们的爸爸妈妈操心了行不行？你看你表哥，那女孩儿不是挺好吗，他又不跟那女孩儿好了，作孽哟！你不跟人家好为什么要和人家住在一起了呢？"姥姥唏嘘慨叹着，"这是什么世道啊！"

此时表哥从屋里走了出来，他抢白姥姥说："谁和她住在一起了？你老人家干吗这么道听途说妖言惑众呢！"

姥姥狠狠地瞪表哥，示意表哥不要大声。

表哥不听，反而更大声地说："我就是想让大家知道！我身正不怕影子斜，他们是胡说，我同学们起哄的话你也信！"

此时我听懂了他们对话的全部意思，我突兀而又激动地站起来，不问青红皂白，劈头就问表哥："表哥你要娶她么？"

表哥轻描淡写地说："怎么着？！"

我急了说："你，你就是要娶她！"

表哥微笑地看着我："小姑娘，你急什么呀？！"

我说："因为你和她在一起了！"

表哥说："又来了！姥姥你看，半路杀出个程咬金来了！"他和姥姥都大笑。

收起笑容的表哥站起来，他说："我向着全世界发誓，我告诉你们！我郑重地声明，先立业后成家，革命尚未成功，同志还需努力！而且我从来就没和她住在一起。"

不谙世事的我脱口而出："表哥，我永远支持你！"

然后我又激动地补充说："她没有洁白整齐的牙齿，还还……"我还要列举出一些理由，可惜当时已经理屈词穷……

表哥听了我的话大声地笑起来，然后咬牙切齿地将我抱起来，轮了好多圈……

我们的笑声随风飞扬，我在他粗壮而有力的臂弯里幸福得快要死掉了……一阵眩晕的我真的分不清我的表哥到底是我的亲人还是我的兄长，是我的偶像还是我的恋人。

表哥放下我，喘着粗气说：“将来就给你找一个长着两个大板牙的老公，看你怎么办？！”

那是一个夏日的午后，那是一个我难忘的午后。

九

最终表哥和那女孩儿还是分手了，舅舅和舅妈还是奈何不了表哥什么，这事告一段落。后来那女孩儿主动放弃这段感情去了上海，再后来我的表哥出国了。

他临走的那天，我心急如焚，我想去送送我的表哥。可是为时已晚，表哥赶去省城的那班汽车早已离开了。我站在广袤的田畴旁，望着遥远的天边很久很久，沉默地流了半天眼泪……

再没有人和我一起去姥姥家了！

再没有人像表哥那样给予我亲如手足般的兄长之爱了。

我考上大学的时候，表哥没有回来。他从国外托人给我捎来一双白色的耐克运动鞋和一款腕表。他说：“好妹妹，鞋的含义是要走好路，表的含义是要珍惜时间，这两样你都能把握好，你的前途无可限量……”

十

似水流年，表哥去国外已有多年了，姥姥已经病逝。可姥姥家那田园诗般的小院还是那么美，园子是父母托一位旧日同乡，在没卖掉之前照看着。

某日的同学会，我带着我的同学们去了姥姥家，一如那年所有的情景再现，我的同学们在姥姥的园子里疯着闹着、欢笑着快乐着。

园子里的一切依旧郁郁葱葱，花儿盛开……

我的眼前却是满地翻飞的往事……

是我童年那稚嫩而又让人留恋的脚印吗？

是表哥让我欢笑又让我仗义美满的甜蜜过去吗？

我的耳边又响起姥姥轻轻唱的那首《苏丽珂》……

为了寻找爱人的坟墓，
天涯海角我都走遍。
但我只有伤心地哭泣，
我亲爱的你在哪里？
但我只有伤心地哭泣，
我亲爱的你在哪里？
丛林中间有一株蔷薇，
朝霞般地放光辉，
我激动地问那蔷薇，

我的爱人可是你。

……

我坐在姥姥的摇椅上，不动声色，却已泪水奔流……有一件事埋在心底，什么也不要说最好，那至纯至洁的感情早已立地成佛成禅，让时光独自吞下。

我的故事讲完了，表哥前程似锦，我的结局也不错，我们当然还是最亲的兄妹。所谓的暗恋和初恋都是必经的成长之痛，我的病很快就好了。

十一

这篇故事的余音——我当然没有去参加什么爱情故事大赛。

同事的大餐如期兑现，不觉笑谈中已是他年他月，一切踪影全无……

2021 年 1 月 7 日于北京

大梦初醒

一

2015年的某日，一种疼痛，如同天快塌下来一样，濒死感，使我疼得几乎昏厥！当时我正走在回家的路上。所发生的一切都是我的家人不知道的。

15分钟后消失，消失得干干净净。我没有在意。和家人谈及此事，也是轻描淡写，因为我人生至此前从来没住过医院。

第二次疼痛来袭，我一个人在家。我的身体一直很健康，这是怎么了？这次疼痛无休无止！家人将我送到医院挂了急诊，入院后医生就没让我出来，他说：“幸亏你来得及时，不然再拖后果无法想象……”

后果怎么就无法想象呢？

医生说：“不论结石梗阻在何部位，皆可出现毒血症和感染性休克，并导致肝、肾、肺、心、脑等多脏器功能衰竭。情况凶险而不可逆……”

我震惊得倒吸了一口凉气。原来生和死之间就差这么一点点儿！

我住院了，听凭医生的安排。净肠、消炎，开始准备，然后是全麻。

我只记得我被医护人员推着，只记得先生和儿子向我遥远地挥手，只记得他们的声音都很小很小，小得我几乎听不见……

我只记得一扇一扇的大门向我打开，我被人推搡着走进去，走进去，很深很深，永远也走不完。后来就什么也不知道了……

是多长时间？我醒来了。浑身不能动，因为插着管子。不适、疼痛自不必说。

庆幸的是：我的家人和医护人员及时地抢回了我生命中的那一小段时间，今天的我可以坐在我的写字台前继续打字，写文章，我可以这样像讲着别人的故事一样，谈及这段往事。

因为是他们抢回了那一小段时间，所以在我的文字记录上，我患的是普通胆石症需要马上手术。

这次经历让我摘除了胆囊，我从此成为无胆英雄。

二

在手术后的第一个早晨，太阳的光从病房九楼的阳台上照在我的脸上，将我照醒了，我还是想动动身子，可是不能，我动不了，我只能一个姿势躺着……

此时有泪无声地从眼角流下，我莫名地想起了顾城的诗：“水离开了杯子，杯子里只剩下水昔日的影子，杯子看着水的影子流下了眼泪，泪水溢满了杯子……”

此时此刻我的心乱七八糟，大事小事成山成堆地在脑子里转个不停……

我曾想去白洋淀看荷花，印证孙犁散文里美丽荷花的样子……

我曾想给自己做个新的发型……

我曾想我在一家名店买的一条蓝色长裙，是否会搭配我的发型……

我曾想明天或某一天我要去西藏看雪山……

我曾想着爱人他最喜欢的一条灰白麻色裤子有点长，就想替他改改，可直至拖到今日也没改……

我这一生，总在写字，写新闻稿，写文艺稿，写啊写啊，写小说、写散文、写札记。可是我有一笔文字债却始终还相欠着。

欠谁的呢？欠我的爱人和我的孩子的。

在病榻上刚好一点，就草就了几首小令。在此写到这篇稿子里……

第一首《临江仙》是写给我先生的

落花时节又逢君
姻缘定秋色锦
天下大事几乾坤
浮云千万朵
何处是昆仑
今朝春光花飞讯
几十余载还故里
一梦千年到如今
你我非孟浪
修成一家亲

第二首《临江仙》也是写给我先生的

风雨无数难筹谋
岂管黑夜白昼

细水流年与君诉
一语说还休
长风破浪远
再难敌倒春寒透
不许人间白头
良人罢远西风瘦
你我再从头
挽手苍天佑

第三首《临江仙》写给我的儿子超的

远渡重洋奈何天
万里途千般念
前程似锦今如是
可曾想渊源
一览平野阔
恰逢同学好华年
别负春光无限
平生一席心底话
与儿论暖寒
当知福无边

第四首《如梦令》是写给丹的

梨花瑞雪披袖
才知喜鹊枝头
想问伊人许
却道广陵春厚
知否
知否
那边西湖独瘦

我在想我北漂的那段时间怎么没留下什么照片呢？我在记忆里使劲儿地搜寻着，没有。因为那时没有心思照相，那时就是拼命地往前奔了，那时只记得我的下一站和下下一站在什么地方，然后赶着点，看着表地奔跑。

我想着想着，暗自苦笑，如果今天我不在了，一切的一切，手边的所谓大事情和小事情又与我何干呢？

三

病好后我像变了一个人，我没有贪念要活到地老天荒，但我一定要活得有质量！我重新捡起以前练过的瑜伽，我重新拿起笔记录我生活中的一切。人生无常，谁知道今天的含义是什么？谁知道明天会怎样开始？

那天偶然读到三毛的《生命与爱》，看得我唏嘘泪流……

虽然预知死期是我喜欢的一种生命结束方式，可是我仍然拒绝死亡。在这世上有三个与我个人死亡牢牢相连的生命，那就是父亲、母亲还有荷西。如果他们其中的任何一个在世上还活着一日，我便不可以死，连神也不可以将我拿去。因为我不肯，而神也明白……

在失去荷西后的一个深夜里，我与父母谈话，突然说："如果选择了自己结束生命的这条路，你们也要想得明白，因为在我，那将是一个更幸福的归宿。"

母亲听了这话，眼泪流了出来，她不敢说一句刺激我的话，只是一遍又一遍喃喃地说："你再试试，再试试活下去，不是不给你选择，只是请求你再试一次。"

父亲便不同了，他坐在黯淡的灯光下，语气几乎失去了控制，他说："你讲这样无情的话，便是叫爸爸生活在地狱里，因为你今天既然已经说了出来，使我，这个做父亲的人，日日要活在恐惧里，不晓得哪一天，我会突然失去我的女儿。如果你敢做出这样毁灭自己的生命的事情，那么你便是我的仇人，我不但今生要与你为仇，我世世代代都要与你为仇，因为是——你，杀死了我最最心爱的女儿……"

我读不下去了……

四

今天我不惜掀开自己昔日的伤口给读者和朋友们看，目的只有一个，我是在鼓励和鞭策那些动辄就轻生的人，鼓励那些曾经熬过和正在熬着的人。活着不仅仅是简简单单地为了自己，还有和我们血肉相连的亲人，这个世界从来都不是孤立的。

想想亲人，想想温暖的家，想想我们行走相伴的过程。哪怕天冷路滑风雨交加，哪怕世情悭吝苛刻，请为自己的亲人，好好地走在路上，别当半途而废的逃兵。

安家和女人

一

看完《安家》之后，对两个女人印象最深。一个是潘贵雨，另一个是住在老上海洋房里的江奶奶。

二

先从潘贵雨说起，她是主人公房似锦的妈妈。强势、刁蛮、没文化、性格粗鄙、不孝顺公婆、重男轻女，为了宝贝儿子，她就像“吸血鬼”一样恶毒！

剧情的表象给我们传达的是，房似锦大学录取通知书被她撕毁了，女儿的求学梦被她葬送了，实际透过这些表象不难看出的是，潘贵雨这个女人一颗焦灼、贫困、无助、无奈的内心。

她似曾相识……

孩提时，我生活在农村，这样的女人为数不少。她的悲惨，是人们忽略了的那种悲惨！是人们习以为常并且痛恨的那种悲惨！潘贵雨改变不了生活。但潘桂雨唯一可操持的是在这个家里的王道，在这个家里我行我素，拆东墙补西墙，重点扶植儿子，欺压女儿。

她没文化，没眼界，她固守着陈规陋习。她在那样世俗、守旧、贫困的生命线里挣扎。面对着路远马亡，接二连三地生孩子。

如果性格懦弱的，真的没法活！

所以她认识一个道理，“鬼也怕恶人”就是道理！所以潘贵雨们，越加蛮横、凶悍、霸道，不讲理。

像这样的女人，在农村并非个例。

可是就是这样的女人，就是这样没有任何依靠的女人，她们依旧是偏僻农村家庭的顶梁柱。如果没了她们，像这样的家庭就坍塌了！

贫困并没那么可怕，更可怕的是眼界，眼界抵达不到的风景，便是更加的贫困。

三

潘贵雨的跋扈和说一不二的抉择，带来了房家的一场意外的变故。

哪里有压迫，哪里就有反抗。正因为潘贵雨一把撕了房似锦的大学录取通知书，这一撕，房似锦对这个家彻底放弃了，从此离家出走！

房家终于出现一个长反骨的！房四井变成了房似锦！

她不服输、她坚韧、她刻苦、她看见光明就勇往直前。她闯出乡关，她奔向新的里程。这一出走，对她个人而言，是划时代的，为日后的前程垫了底儿。虽艰苦，虽无根无依，虽无人遮风挡雨。可是她看见了展现在她面前的远景，她要奔着那个远景而去。

本来房似锦考上大学，应该是房家的一道亮丽彩虹。可是潘贵雨的眼界无法看到，她看到的是无止期地给一个丫头片子花钱。你让潘贵雨的思想撑起更大的天空，她做不到，潘贵雨的性格只有这样的格局，她的天空就这么大。揭开房似锦母女的一层层伤疤，哪一道不是愚昧落后观念的深重割伤！

而老戏骨丁嘉丽把潘贵雨演得简直就是再现了生活，那种代入感让人刻骨铭心……

这种演技是深厚生活的积淀，每一招一式都是一路走过趟过的长歌，是日子里的精髓，而假模假式只能招来骂声和作呕……

特别喜欢这种尊重艺术的好演员。

四

看完这部剧，静下心来沉思，人活到最后的精髓是什么呢？是家，是我们温暖的家。家虽不是主战场，但家应该是大后方，家是城堡和要塞，家如果沦陷了，人就没有温暖和温馨可依了，就没有奔头了。

金窝银窝不如自己的草窝！

家是什么？家是心休息的地方，家是心和身成长的地方，家是流了血受了伤舔舐伤口的地方，家是放了狠话，依然疼你爱你的地方，家是不戴面具，不假惺惺的，不冠冕堂皇，永远血浓于水的地方……

但是芸芸众生，家也是千差万别的，它应该是学校，它应该是实习基地，它应该是演练场。

可是房似锦的家如同炼狱……

房似锦就是在这样的家里长大了，这样的孩子要么逆来顺受，要么逆向生长！

最后的刺，变成温柔的茧。为房家出力的依旧是长大成人的房似锦。

五

江奶奶也让人印象深刻……

江奶奶和她的先生，如同老上海洋房里的一部深沉美好的典籍。先生笔挺利落，江奶奶素净典雅，轻声慢语，两个人相依相守，本分夫妻，相爱百年。

《安家》这部电视剧，写到江奶奶时的故事情节是这样的：这对老夫妻无儿无女，相濡以沫地在上海老洋房里生活。老先生身患重病，无钱可医。江奶奶打算卖了她和外甥们共同拥有的老洋房，给老先生治病。可是三层楼的老上海洋房，江奶奶名下的是二层，要卖必须三层一起卖。两个外甥一直刁难江奶奶，不同意卖掉房子，他们怕江奶奶把钱扔到医院打水漂。江奶奶一让再让，好话说尽，可是还是遭到了两个外甥算计。

老先生还是永远地走了！

丢下柔弱的江奶奶一个人。

一直被老先生照顾的她，不多言不多语的她，失去了爱人，寒了心的她。其实柔弱的外表下，是一颗刚强和刚烈的内心。

江奶奶没费一兵一卒，平平静静地处理了她的身后事。

当两个外甥终于在江奶奶死后，急于卖掉全部房产的时候，他们看到的是，江奶奶把自己的那部分房产捐给国家了，真切的录像，白纸黑字的遗嘱。两个外甥想谋得全部房产已成枉然……

扮演江奶奶的演员是资深演员奚美娟，她给人的印象一向淡然如菊。那种表演中渗透的生活厚度和光辉让我过目不忘。

六

人一路走来，都是孤独的。孤独地来，孤独地去。

人生，有了相伴的路，才是安家了。一盏一盏的街灯，一扇一扇亮着灯的窗口，一程又一程的路。漫天流云一起走。

要结束这篇小文的时候，依然忘不了这样一个细节：江奶奶的先生，生前语重心长地嘱咐江奶奶说：要记住“伸手要钱”，如果你忘了就进不了家门了！“伸”是身份证，“手”是手机，“要”是“钥匙”。

一语折射了两个人日子里的最经典的味道和阳光。

我在想，芸芸众生，身后的家啊，始终有一团光，它储存着人们奋斗的力量。

2020 年 4 月 1 日于北京

女人的涅槃重生

一

这些日子总在重读和翻阅张爱玲的文字，小说、散文、传记还有信札。

她是我喜爱的女作家之一，从她冷静、悲凉、毒舌的文字背后，我更深切读到的不仅仅是个天才女作家不一样的人生，还有一个普通女人漂泊海外的种种无奈。

重读她的文字，我在不停地感慨。如果张爱玲不打掉那个孩子，不打掉她和莱亚的那个已经怀胎五六个月的孩子，或许她的晚年会有不一样的人生。

《小团圆》中她写下她堕胎的经历，她请了私人医生来家中堕胎。做完手术，“翻江倒海地吐”“看着抽水马桶里10英寸高的这么一个男婴，恐怖到极点，就冲下去。”

读到这里，我的心一下子像被坠上了铅块，是怜惜，是同情，还是愤恨？都不确切，是一种无奈的梦魇般的疼痛……

附身拾起她诸多文字，独那锦绣的一篇篇在我的眼前比比皆是，凌乱如绸缎和珠玑……

“天完全黑了，整个的世界像是一张灰色的圣诞卡片，一切都是影影绰绰的，真正存在的只有一朵朵挺大的象牙塔，简单的原始的，碗口大，

桶口大。”（张爱玲《沉香屑·第一炉香》）

掩卷沉思，我还是执着地叹息着，世界即便是陌路尽头，首先你应该还是一个有血有肉的自然人。然后才是工作中的你，理想中的你，奋斗中的你和万般无奈的你。

我为张爱玲惋惜，为张爱玲打掉的那个孩子惋惜……

二

遂想起自己……

小城刮着凛冽的风，树枝、树叶、房顶、道路在蓝天下全是白的。我怀着八个月的身孕蹒跚地走在家和学校之间。因为我每天担当的两节语文课就像吃饭一样要紧。

故乡本是苦寒之地，那个冬天彻骨寒冷。我渐渐庞大而臃肿的身体，没衣服可穿，就穿爱人宽大的军用棉袄。一条紫红色毛线围脖将自己蒙得只露一双眼睛，这样我可以看到别人，别人却看不清我。这副德行实在违背了一个二十几岁女孩子的初心，所以像做了天大的错事一样见不得人，尤其害怕见熟人。

妊娠期，脸上开始有蝴蝶斑，反应难耐难忍。吃了吐，吐了吃，然后挺着再吃，心烦到无以复加。那个淘气的小生命如同钻到铁扇公主腹里的孙悟空，千百次地刁难，千百次地折腾，千百次地千回百转。让你顿悟儿女情长四个字来之不易！什么叫母亲？什么叫爱？爱如牙齿一般深深地刻在血肉里……

冬日里，走在风雪的路上，人很虚弱，但是我要讲的语文课不能耽误。

这个心思使然，一登上讲台，人就像打了鸡血一样，陡然精神。开始我的从教生涯。

预产期的时候，还在讲课，腹内的宝宝一通拳打脚踢，让你无所适从。继而我必须停下来，往往正讲着课，都是瞬间断片或短路。

我盯着窗外，或盯着黑板几十秒，让自己镇定下来。有一堂公开课就是在这样的气氛下讲完的，记得那堂公开课讲的是魏巍的《谁是最可爱的人》。

谁是最可爱的人呢?

我的小天使动用了十八般武艺，在考验着一个孕期母亲的全部耐力和精力!

最难耐的时候脚全肿了，下肢也肿得厉害，鞋子也没的穿了。买一双大号棉鞋，勉强上班。

如今的孕妇，雍容威风，她们个个如同皇后。她们旁若无人地往嘴里填着各种喜欢的食物。风采各异的孕妇装，在怀孕期美丽一点都不打折。我常常看着她们，不由自主地羡慕着，隔着岁月看自己，不是超生游击队的我，却和小品里的魏淑芬差不多。

三

生孩子时的苦更是一言难尽……

那是一个很冷的傍晚，雪花打着窗玻璃。只记得天塌了地也陷了，可是我的疼痛依然不止。只记得那时折腾了一宿和大半天，难产，侧切，死去活来……

现代医学将疼痛量化为10级，1级表示疼痛最轻，10级最重。大部分人最多能够承受的疼痛为7级，超过了7级，人可能会因为疼痛而发生休克。那么，女人生孩子的疼痛分级是多少呢？根据妇科医生说，分娩痛苦有时可达10级，甚至还要更痛苦……

佛说：缘是一块冰，要度五百年……

那么血肉亲情要度多少年呢？

也许人来到这世上，必须要有一个痛点，这痛点就像要了命一样。让你记住，记住果实的来之不易，记住他的惊天动地，记住他像太阳般出世，生死置之不顾，来到人间。

不然上苍怎么会把那么好的一个小人儿全权交付给你呢？其实也包括像张爱玲的孩子和其他所有夭折的宝宝啊。

你见过麦收了也会有这种生死在眼前的切肤之痛吗？你见过苹果熟了的时候，亲友们喜极而泣奔走相告吗？

十月怀胎，一朝分娩，遇一人白首，择一城终老，这话哪里是做梦，都是上苍对这个世上之人巧然安排的大喜大庆的日子！

那新生命的降临简直是太美了，一轮蓬勃的朝阳被我们捧出，家和笑声风情万种，小人儿啼哭不止，向着这个陌生而崭新的世界宣战！

这个世界什么最贵重？唯有人倾其所有不可得！

四

后来我又经历了一次亲友生孩子的经过，她的娘家远，母亲没赶到。老人家早就拜托我守候新生儿的到来。

那是我第一次亲历了整个看女人生孩子的经过。当时的她，声嘶力竭，湿漉漉的头发凌乱地贴在她的额头和脸上，汗津津地流，她急促地喘息着，嗓音沙哑，双手紧紧抓着早已被汗水浸湿的床单……那孩子刚刚扑来可是又回去了……

我的泪水一串串地掉下来，不单单是为孕妇心疼，还是为了那孩子！那孩子刚要来到世上，那才是一个魅力无比的“小鲜肉”啊，可是怎么能经得起这样非人的考验？！可他还是坚强不屈地来到人间，义无反顾地出世了！

当时的我，泪水唏嘘，说不出话来……

传说凤为火而生，不灭于世，世间火之不灭，凤之不朽。即使死去，也能在火中涅槃重生。这便是女人的伟大！人类生生不息！

五

当多少年以后，这个小人儿长大，当你看到他矗立在你面前和你谈起许许多多的事，许许多多你尚不知道的事，你忽然觉得自己此生能有一个自己的宝宝并且把他抚育成人是多么欣慰和欢喜的一件事啊——它是这辈子的一件大事，是一件最为隆重的事。

过年，儿子回来了。我们坐在前门附近的一家老店里吃着那里的小吃，说着温暖而无关紧要的闲话，可是我的内心却无端地疼痛了几下，我又想起张爱玲。

如开篇所言，张爱玲如果有一个自己的孩子可能她的晚年时光就要重写了！可转念，只是我一己之见罢了。

张爱玲，自幼父母离异，和后妈在一起，所以她性格凉薄，孤僻，清高，没有烟火味。后来漂泊异国他乡，客居在美国作家训练营里，诸多的不易自不必提。

因为都是女人，所以心疼……

因为都是写字的女人，所以对她晚年的风寒和阴冷总感觉像刮在了自己身上……

写于 2019 年 2 月 14 日

多年后我提着老酒你依旧是我的好友

一

时光参不透，一杯老酒入喉，微风拂面，看漫天云稠……

人到中年有一种空旷，全被时间偷。

二

来不及发呆，来不及想想心事，忆青春，木已成舟。

我寻找着借口，找一份回归的自由，

风雨兼程红颜瘦，听年轮在深蓝的海岸底色里低吼……

我们还年轻吗?

只愿钟灵毓秀，多年后，

我提着老酒，你依旧是我的好友……

三

来不及回味，来不及翻阅，岁月已将我们摔向渡口——谁的春秋？中年的过道里我们在沉默中看风在吹，云在走……

慨叹华年，似这般冷冽的风——时间是个怪兽！

我只愿多年后，我提着老酒，你依旧是我的好友……

四

曾经是那么青涩的一群人啊，青涩的你我，青涩如鲜花般锦绣，都是往日的稻花田畴……

掬水留香，怎回眸？

即便十万大山好走，却难敌时间沙漏——我中年的朋友！

只愿多年后，我提着老酒，你依旧是我的好友……

五

珍惜当下吧。

多少个晨昏日落，朝思暮想白了头。

高山流水，青林黑塞。这个世上惺惺相惜的人并不多……

一二知己，三五老友。没事儿了说说心里话，有事了，疏泄一下心里的尘垢。

蓝天多蓝啊！

可是也有尘埃雾霾和污垢。

大地多辽阔啊！

可是也免不了雨雪雷霆风沙骤……

心，如果有一轮朝阳，年轮何惧？只不过是四季轮回里的一个浅浅的步骤……

朋友啊，愿多年以后，我提着老酒，你依然是我的好友……

2018年8月19日于北京

有知己相伴……

一

唐代诗人贾岛说：“二句三年得，一吟双泪流。知音如不赏，归卧故山秋。”

这么好的诗怎么会没有人欣赏呢？

我的心七上八下，思绪在贾岛这几行小字里穿行……

“初与君相识，便于肺肠倾”，这样的句子不知感动了多少人，可是千金易得，知己难求。所谓的知己就是懂你的人，就是你和她或他能够掏心掏肺的人。其中包括和母亲做朋友，和儿子做朋友，和女儿做朋友，和姐妹做朋友，和夫妻做朋友，和兄弟做朋友。

可能这些亲情你一样也不缺，可是你们真的是知心朋友吗？

二

彼时鬼节将至，我扔下手中的书稿，诸事抛开、心无旁骛。和他开着车去一个荒芜僻静的山坡。山坡靠海，我沉默地烧着纸钱。就这么隔着远山和乡愁对着蓝天和云端，沉默木然地坐在那里很久很久……

发呆着、思念着，想着滔滔的往事和我的妈妈……

静静的秋写意而生辉，海浪哗哗地响着。我凝神地望着远方，想着这辈子和她曾说过的诸多话……妈活着的时候她总爱来我家，而最迫切地想见到我的时候，就是有一肚子心里话向我掏出来的时候。

某年的那日她来了，记得窗前开着淡黄色的香水月季，我在一个工作不顺心的节点上想不开，周遭寡淡寡淡的人情，年轻气盛的我，费力不讨好的事是常有的。郁闷也就如影相随，懒散而无奈的心写满灰色……

妈轻声说：“吃亏是福，福虽未至，祸已远离。这就是福！我这辈子吃的亏多了，可是你妈也没少点啥……”

一句话将我点醒，我和妈一边做事一边聊天，不知不觉心豁然响晴。我的心里不再烦恼，原本是飒飒的风儿作响，郁闷得要七窍生烟。可是老妈来了，和风细雨地深聊。母女俩的心都静如春水……

彼时香水月季正艳，我淡定而从容地走在出发的路上。

三

我的小姨和我的妈妈极好，好到什么程度呢？好到我有的你没有，就一定分给你。

一次妈去小姨家，小姨问妈：“姐你都想什么吃啊？快点跟我说……”

妈长叹一声说：“嗐！连家里的鸡蛋都换成钱给孩子买书和本子了，哪还敢有想什么吃的念头啊……”

说到这里，小姨把家里所有的孩子都骗走，赶他们出去玩，然后小姨把煮好的一碗热腾腾白胖胖的鸡蛋剥了皮，递到妈的跟前说：“姐你快点吃……”

妈每忆小姨便涕泪，我听得也喉咙发热，心酸酸的。在那艰难清苦的日子里，无休无止的无奈和茫茫然啊，有赤子的相知，血浓于水的手足情，苦是苦点儿，但一切都能应对自如，便是苦中深深的幸福了……

电视剧《我的前半生》里的子君，是个无忧无虑的少妇，单纯而美好。变故来了，看似美好的婚姻猝然碎裂，她被俊生挡在门外。她拼尽力气捍卫自己的小家，最终失败了。这种打击是毁灭性的，家散了宣告了整个人生也散了架子一样。

在戛然而止的剧情里，顿生人间暖意，唐晶出现了，唐晶是子君情同手足的闺蜜，所以子君还算没那么不堪……

忽惊醒，似有深渊的人生啊，就算是再霉运也要有一个知己相伴，哪怕她帮不到你，你却敢于和她说心里话。就不算凋零和破败。

四

人之一生，有个知己和说心里话的人怎么就那么重要呢？

《黄帝内经》里这样说：“余知百病生于气也，怒则气上，喜则气缓，悲则气消，恐则气下，寒则气收，惊则气乱，劳则气耗，思则气结。”

思维不通则气血不通，气血不通则损寿也！

世情薄凉，人心幽闭，暖心沟通何其重要！

知己这个词也很有意思，其实它涵盖很多。看你怎么理解，但我觉得天下诸事，包括朋友与朋友之间，心与心之间，心安了才幸福。正所谓，世间一切事如果和不道德挂上了钩，你的良心便永无安宁。如果日子晦暗，你又何以安然入梦？就像高楼建立在不结实的地基上，其结果一定是坍塌的。

人生，太精无路，太苛无友，太自私太没德行自作自受……

我的朋友不多，是小众的、安静的。在清澈而简洁的光阴里，气息合拍的朋友聚在一起。一壶清茶，几个伙伴，也八卦，也扯皮，也说长道短。高雅起来也雪夜拥炉慢慢闲话，谈人文历史。在清冽凛凛的冬日心情不好了，闻听一席金玉良言，然后看着日光渐渐老去，日后回忆都是那么值得。

好走的路会更好走，不好走的路不难走。

唐伯虎说："别人笑我太疯癫，我笑他人看不穿！"那才是洞穿世界的真我所在……

五

中医说：凡脑血管堵塞的病人和想不通都有极大关系，因为大脑主思维，他们大多都有这几种特点：1. 爱较劲儿；2. 爱经常看不上别人；3. 爱激动；4. 爱计较……

忽然想起曾读到过的一段文字："1990 年旅行者一号探测器即将飞出太阳系的时候，在距离地球 60 亿公里的地方，美国国家航空航天局命令它再回头看一眼，拍摄了 60 张照片。其中一张上，正好包括了地球——图中一个亮点。1996 年，天体物理学家、著名科学作家卡尔·萨根就此说过一段最著名的话。他说："在这个小点上，每个你爱的人，每个你认识的人，每个曾经你听说过的人，以及每个曾经存在的人，都在那里过完一生。这里集合了一切的欢喜和苦难，数千个自信的宗教、意识形态以及经济学说。每个猎人和搜寻者，每个英雄和懦夫，每个文明的创作者和毁灭者，每个国王与农夫，每个相恋中的年轻爱侣，每个充满希望的孩子，每个父母、发明家和探险家，每个教授道德的老师，每个政客，每个超级巨星，每个至高无上的领袖，每个人类历史上的圣人和罪人都是这个世界里的人，都住在这里——一粒悬浮在阳光下的微尘。”

在那粒微尘里我们何尝不是一粒更加微乎其微的微尘？写到此我似听到风吹四季流年似水，其实就是一步千年的惊恐瞬间！

就小小的个体而言，这粒微尘何其伟大辉煌！何其珍贵难得！且让我自然愉快地行走吧。我会带着你知心的微笑……

2017 年 10 月 8 日于北京

交情与艳遇……

一

何谓交情？

交情就是人与人互相交往而产生的感情，没了交往就没了交情，有了交往后就有了交情，有了交情才会有一生难忘的相遇……

三国的曹植说："君有奇才我不贫。"冯梦龙说："门内有君子，门外君子至。"

妈常说："你们要记住，人活一辈子，切不可过死门日子啊……"

每每想起妈的话，心就热浪滚滚……

眼前常出现这样的情景，清朗的早晨，妈正在厨房做饭，而此时便会有一迟迟疑疑，嗫嚅的声音，一个男孩小小的身影趴在门边，他说："我妈说要借一碗豆油。"他的话说完了，妈就去给他倒豆油，其实我们家的豆油也不多。但是妈妈对来借东西的孩子不厌其烦。

后来这样的情景就极多，他代表着他家大人，向我们家来借一勺盐，或一块肥皂，或几棵葱、几头蒜、一碗豆油等。男孩是我的邻居 S 家的孩子，无论时间长了还是日子远了，大抵每每如此。我们姐妹兄弟颇有微词。可是妈反驳我们说："咳！他家也是一时手头缺了啊，如果他家有，谁愿意伸手朝别人借。"

日子混混地过去了，是多长时间不记得了……

可是后来S家的长女爱上了我的长兄，两个人很般配，他们矢志不渝的相爱传到了两家大人的耳朵里。S家没有怎么反对这桩婚事，我懵懂的孩提时代，只记得一位穿着碎草黄色点缀猩红色叶子小袄的少女，头发栗黄色，天生的羊毛卷，两条短辫子触肩，时而闪躲在我家的门后。她总爱神秘地和长兄说些我似懂非懂的话……后来她成了我的嫂子。

在那清苦的年月，他们家没有难为我的爸爸妈妈，也没要什么当时认为的巨额彩礼，好事就这样顺理成章了。

如是说，对于一位母亲，儿子恋爱了且修成了正果，该是一场非同寻常的艳遇了。不是冤家不聚头，人生许多巧事，似乎就是在莫名中总被一个什么东西感召下悄悄地圆满。

二

苏轼说：“道足以忘物之得丧，志足以一气之盛衰。”

此话的意思是：一个人的思想、方向（道）足够了，就可以忘记物体本身的那点小小的得失荣辱；志向足够强大了，就可以主宰个人命运和精神状态的旺盛与衰落。

周瑜和鲁肃的故事一直让我难忘……

想当年周瑜带了几百兄弟从鲁肃家门前经过，饥渴缺粮的境地，现实的困境，让从不求人的周瑜也不得不开口向鲁肃借粮。可巧鲁肃家里正好有两囤米，他见了周瑜的难处，当即就借了一囤米给周瑜。周瑜的燃眉之急解了。他没忘记这段情缘，后来向孙权推荐了鲁肃。鲁肃见了孙权后，明确提出他的治国之策——与曹操、袁绍三分天下，这就是著名的《榻上策》。

鲁肃也由一个闲人而从此名满天下……

这世间冥冥中必然有一种懂得，穿越灵魂，穿越世俗的境界及时而来！它像是一件极致的奢侈品，如同熠熠闪光的稀世之珍。它和眼里没有大格局的人无缘，它和斤斤计较自私自利的人不过招，它和目光短浅只见蝇头小利的人永远失之交臂……

你的眼界要宽阔啊！

你的命运就好了。

因为世间一切事都是偶然中的必然，为什么最美的机遇每每只差毫厘就被挡在门外了？因为太阳的光即使再强，能照到井里去也是多么不可能的事情！

三

孩提时有这样一件事终生难忘。

初秋时节，北方都用地窖储菜，储菜的日子是要打开窖盖排气的，排气的时候是大人坐在窖边看着的。就是那么一瞬间疏忽，7 岁的妹妹正和叔叔家的小男孩儿玩，妹妹在忘乎所以的奔跑中一下子掉入菜窖中，那菜窖足足 4 米多深，我目睹了这惊险的时刻。当时的我号啕大哭，失声地喊爸爸和妈妈。当爸奔到菜窖跟前下去把妹救上来时，妹除了嘴唇碰破出了点血之外，一切完好。大家在热泪滚滚的唏嘘声中，感受了上苍还圆的一次劫后余生的真正幸福……

妈每忆此事都泪花闪闪：“一个 18 斤的猪娃掉下去就被摔成肝胆俱裂啊……”

其实人在世间行走，每迈出一步深浅各异，都有着神秘而不可思议的造化，就像我读过的一本书里这样说：“人走在生死险境的路上，周遭遍布“善神信鬼”，在那生死一瞬间，救与不救就看你的德行和造化了。”

其实上苍始终有一只手托着这个世界，让一切的良善之人安生美好！此间便是人世最极致的艳遇……

四

成就别人其实也是成就自己……

一百多年前的某天下午，英国一个乡村的田野里，一位贫困的农民正在劳作。忽然，他听到远处传来了呼救的声音，原来，一名少年不幸落水了。农民不假思索，奋不顾身地跳入水中救人。孩子得救了。

后来，大家才知道，这个获救的孩子是一个贵族公子。几天后，老贵族亲自带着礼物登门感谢，农民却拒绝了这份厚礼。在他看来，当时救人，只是出于自己的良心，自己并不能因为对方出身高贵就贪恋别人的财物。

老贵族因为敬佩农民的善良与高尚，感念他的恩德，于是，决定资助农民的儿子到伦敦去接受高等教育。农民接受了这份馈赠，能让自己的孩子受到良好的教育，是他多年来的梦想。农民很快乐，因为他的儿子终于有了走到外面世界、改变自己命运的机会，老贵族也很快乐，因为他终于为自己的恩人完成了梦想。

多年后，农民的儿子从伦敦圣玛丽医学院毕业了。他品学兼优，后来被英国皇家授勋封爵，并获得 1945 年诺贝尔医学奖。他就是亚历山大 • 弗莱明，青霉素的发现者。

那名贵族公子也长大了，在第二次世界大战期间，他患上了严重的肺炎。但幸运的是，依靠青霉素，他很快就痊愈了。这名贵族公子就是英国首相丘吉尔。

世间的轮回就是如此灿烂和非同寻常……

2017 年 10 月 9 日北京

第二章

白衣胜雪

泅渡而去，我觉得我 14 岁就已经老掉了！那多雪的冬天，那被冻住的太阳，那咯吱咯吱的踩雪声。总是深邃地描摹着冰雕般的少年时代，塞进我的记忆……

我与知青的故事

一

静静的村庄飘着白的雪
阴霾的天空下鸽子飞翔
白桦树刻着那两个名字
他们发誓相爱用尽这一生
有一天战火烧到了家乡
小伙子拿起枪奔赴边疆……

这是我 12 岁时听到的一首最美丽的歌曲，后来知道它是苏联的一首民歌，源自乌克兰，是苏联卫国战争时期的。而灵感是来源于苏联的一个故事……

我听到这首歌的时候是暮春放晚学的时候，碧绿的田野，草木清香，鸢尾花和红蓼花点染着天的尽头，轻轻的歌声飘过来，唱歌的是两个女知青，素颜白皙的她们手牵手从小路走来，宛如仙子。

二

《白桦林》就这样如同溪涧植入我的记忆，千峰云起今夕何年何月？我手触键盘，苍白的笔墨道不出那日的锦绣无边……

12 岁那年我五年级，镇里一年一度的运动会逶迤地将要来临。

小学下午的后三节课都练队形和集体操，我们手执花环，兴高采烈……

前导队的人选最终还是没有出来，老师说：“校里只要我们班 10 个女生。”老师的话音落地，静静的女生们此刻忽然交头接耳地小声议论起来……大家都希望自己是学校的前导队员。时间一天一天地过去了，大家静静地等待着老师公布最后的结果，可是老师语出惊人。

她说：“大家做得都很好，都能当上前导队员，可是那得要有衣服才行啊，前导队是要集体服装的，我们学校订的前导队员的服装是，红毛衣，蓝裤子，白运动鞋，有这样衣服的请举手。”

我怯怯地向后看着，班级里只有寥寥的 5 名女同学举起手来。

老师说：“这 5 个名额就是……就是，这样，谁弄到衣服谁就是前导队员了，好不好？”

大家齐声说：“好！”

我却觉得不好。

老师又说：“我再问一遍，有服装的请举手！”

我没有服装，但我还是勇敢地举起手来。

老师问我：“你有服装？”

班级里鸦雀无声，大家都在看着我……

我羞红了脸，结结巴巴地小声吐出一句话："老师……老师，我可以慢慢慢慢地去借呀……"说这话时我的声音极其微弱。

老师在我面前站了半天说："慢慢地？什么叫慢慢地？慢慢地可不行啊！"

三

我被老师质问得眼圈红了……

傍晚回到家，心都一直提着，我能借到服装吗？

第二天早晨，清凉的晨风吹过，我鼓起勇气向妈妈说了此事，妈妈毫无表情，看了我半天说："还要红毛衣？！要我去哪里借啊？"

我说："那我们学校就是要这样的集体服装，没有就不是学校的前导队员了！"

妈看了我半天，戏谑地笑了，然后说："咦，前导队那么重要？！我问问你们老师，是前导队重要还是粮食重要？如果她说参加前导队能顶粮食顶饭吃，那我和你一起去参加前导队！"我被妈妈的话气笑了，但是笑过后却是满脸的泪水……

妈妈扬长而去，我悻悻地留在最后，那天我逃学了。

只记得在那个郁闷的春天里，有一窗又一窗的柳絮杨花，有一群又一群的燕子烦躁地歌唱，有风掀起的沙粒打在窗上。我趴在炕边泪眼婆娑，觉得像是天要塌下来一样的无助和失望，无声地抹着泪水，用蜡笔在纸上涂抹了一张又一张红毛衣。

中午妈妈回来的时候，我两眼肿肿地看着她，妈盯了我半天，看着眼前的一切，妈没有吃中午饭，走了一街去借红毛衣。最后还是失望而归。那年月给一个12岁的孩子买毛衣简直是天方夜谭，只能去借，最后妈妈听人说张知青肯定有红毛衣。

四

妈妈说："她肯定能有，但妈妈实在不爱去借了！妈妈干了一天活，妈妈实在是累死了。"

向人借东西是需要勇气的，不知年幼的我如何来的这份勇气。

傍晚，微紫的黄昏，为了那份理想，为了能当上接受镇里检阅的前导队员，我终于敲开张知青家的门。

她，个子不高，一派天然的张知青，只穿了一件洗得发白了的旧军装，可是在晚霞的映衬下她的脸既温柔又漂亮，眸子干净得一尘不染。

她大大的眼睛询问地望着她眼里有些陌生的我……

我怯怯地说："张知青你有红毛衣么？我想……借……"张知青上下地端详着我，温和地摇头："我没有，小女孩儿对不起！"

我垂下头，低垂着眼帘，背转身去，泪水却已经如泉水涌了出来……

如果不快步离去，我知道我会忍不住大声地哭出来。可没走多远，张知青从后面跑来，她叫住了我，手里拿了一件红色衣服，说："等等，小女孩儿，这件小了的红色秋衣，你尽可以用……"

我接过红色秋衣愣在原地，泪流满面，我怔怔地看了张知青半天，只是激动，心里只是想着前导队，都没有说声谢谢就擦着泪水，欣喜地跑去了……

五

我终于穿着红色衣服和蓝裤子走到老师和同学的面前，我的裤子是劳动布的背带裤，实在是没办法，就只好这样将就了。

彩排演练的那天下午，妈妈帮我准备行装，红色秋衣略显得大了些，妈说："可以放在背带裤里，看看我女儿多漂亮，老师肯定会让你去的！"

那日天空蔚蓝，无风，黄蝴蝶和蓝蜻蜓嘤嘤嗡嗡地闹在路边的树丛，我快乐地走在去往学校的路上，表面轻松，可耳边听到的都是自己起起伏伏的心跳。

让我极其意外的是我不但被选中去了前导队，而且是唯一个举我们校牌的女生，学校的体育老师说："你们看这孩子这身衣服多特别，举校牌最合适！"

我被老师叫出了队列，老师们齐声说好。所有的同学都艳羡地看着我……

我激动地举起校牌走在前导队的前面。运动会开幕的那天，当我们小学的队伍出现在主席台前时，我的眼里又一次涌出晶莹的泪花。泪光里却始终是那位美丽的女知青，是她满足了一个小女孩儿的热切又莽撞的虚荣心。

花儿开了又谢，天阴了又放晴，有一个苍翠的小村在云朵的那岸，它是我的家乡。有一位十七八岁的女孩儿，素颜白皙，唱着《白桦林》，她曾是我故乡的美丽女知青，是她的善意和友好满足了一个小女孩儿的小小梦想和虚荣心……

六

不曾忘记那样一个紫丁香花开的五月，我曾荣耀地举过我们小学的校牌……

不曾忘记那样一个麦浪荡漾的夏季，我澎湃的心跳和妈妈着急的样子……

不曾忘记那季节一地花开一地歌声，我却泪水奔流又喜不自禁的时刻……

那边就是我的童年，走过春夏秋冬，走过繁花似锦，走过风霜雨雪，却不曾忘记童年的那道风景，或许是一颗糖，或许是一碗水，或许是半根铅笔，还有女知青借给我的那件红色秋衣。

几乎在后来的所有岁月里，我都以最崇敬和最爱戴的心去看知青的书和知青的事……那美丽的女知青也成了我记忆中不曾褪色的风景。

因为远方有暖风吹入我的雪国，在纤尘不染的蓝天下！

2014年12月5日于北京

致青春——我的高一时光

一

时光的碎片铺成雪，堆成月色和山峦……

茫茫的路，澎湃的人海，四面八方的南腔北调。岁月的风将几十年的光阴轻轻一吹，我们就被扔到了 2018 年。时间是多长？壅塞了多少话？！视野中恍如疯狂退去的树木、车轮、日影和人流……

我搜寻着我高一时节的那张纪念卡，苍穹之下它在哪里？

二

皑皑白雪覆盖着我的家乡，一个个普通平凡的小女孩和小男孩就在这雪世界里慢慢发芽长大。日子一晃，我就背着书包读八年级了。

现在每每听到《往日时光》，心中便莫名地感动……

人生中最美的珍藏

正是那些往日时光

虽然穷得只剩下快乐

身上穿着旧衣裳
海拉尔多雪的冬天
传来三套车的歌唱
伊敏河旁温柔的夏夜
手风琴声在飘荡
如今我们变了模样……
（填词：克明　谱曲：乌兰托嘎）

读高一时（那时我们的高一是八年级）正是1976年，1976年是怎样的一年呢？

周总理逝世，朱老总逝世，毛主席逝世。唐山大地震！都是1976年震惊世界的非同寻常的记忆！

那年我14岁，生活在北部边陲小村庄。惊骇地闻听着广播里播报的这一桩桩的大事，那些日子里，我被拥挤在人流里，铺天盖地的黑纱和白花。我泪光蒙蒙，吃惊而茫然。一个14岁的孩子，在落日余晖里，茫然地看着遥远的天边。不知自己要干什么，或是要去哪里。

妈妈整日整夜地为我们做鞋，缝补衣裳，纳鞋底，做棉衣。我最难忘的一幕，就是看见她每每都是熬到深夜才睡，那线绳穿过鞋底的声音，那萤火虫般的灯光，那风卷沙粒穿过午夜的碎响，那印在墙上的剪影，那些明媚和暗淡辉映出的点点滴滴，早已刻进我的脑海……

可是我懵懂不知该以何种方式，怎样做，我的家才能过上不愁吃穿的日子，只记得父母特别特别累！那时的冬天特别特别寒冷。

理想是什么？对我来说，它陌生而奢侈。它是尘埃还是梦境？是果绿色的衣裳还是华丽的裙裾？我从来没有去想过它，也不敢想。父母不停地嘱告我，一定要好好上学不要旷课。为了完成对父母的承诺，每日尽职尽责地上学，就是那时的我最朴素的理想。

我八年级就读的学校，距离我家大约有13里路，每天来回要步行近26里路。夏天的太阳，又毒又晒。冬天的风雪，又冷又狂。所有的生灵都挣扎着跑回窝里猫冬，而我每日必须得上学。

夏天，书包里除了文具和书本，还要备上中午饭，一个撑得满满的大饭盒，很沉很沉。天可以刮风下雨，可以雷电交加，但是上学必须风雨无阻，所以我每日都如同长征。

累得懈怠的时候，常常沉默地望着头上的白云和蓝天痴痴地想：我可以不上学吗？这样的日子何时是个尽头？

可是谈何容易！东北的冬天，就像一个狂虐而痴情的醉汉，他逗留在我的路上就是不愿意离开！一年十二个月的时光，寒冷的季节长达半年。

泅渡而去，我觉得我14岁就已经老掉了！那多雪的冬天，那被冻住的太阳，那咯吱咯吱的踩雪声。总是深邃地描摹着冰雕般的少年时代，塞进我的记忆。

望着无边无际的白雪，我会一天天地数着，草儿何时变绿？东南信风何时来？花儿开的时候是否近在咫尺？我觉得这一切，如同幻念，都是那时一个小女孩儿的内心独白，以及她和自己说了一回又一回的私房话……

三

那时实行勤工俭学，八年级（请原谅，我一直愿意用这个词儿）的劳动课多得数不过来。每每都是上午上文化课，随后就是一下午的劳动。学校要盖新校舍，没有钱就勤工俭学。一干就是多少天。春天为校田地积肥。

我从10多里路之外走来，肩上背着大书包，背着中午饭。还要挑着一担粪肥来上学，那份辛苦和疲惫无法形容……

这一页一页的成长，漫长而嵯峨，我隐忍地坚持着。

最美好和休闲的时刻，就是躲在我喜爱的小说里的时光，那时没有什么书，偶尔得到了，如获至宝。有一本老旧的《红楼梦》，埃勒里·奎因的《希腊棺材之谜》，《红岩》和《尼·奥斯特洛夫斯基传》，还有《第二次握手》，不知翻阅了多少遍。

雨季来临时，放晚学的路上，总是惊险叠加。细如豆芽的小男生，一脸坏笑，恶作剧连连。他带头高喊："鬼来了！赶紧跑！"听到这喊声，大家一哄而散。一队稚嫩、惶惶而去的人马，书包急促地拍打着每个人的屁股蛋，饭盒叮当作响。

成群往家赶的学生，在老绿而深深的玉米地夹道里向前奔着。虽电闪雷鸣，却风雨无阻，大家谁都不想被鬼捉住。累得前呼后拥，一片狼藉。

不记得那时我有没有流泪，可是眼见到家了，走出玉米林，雨过天晴。我一个人站在路边，沉默地凝视家乡的大地，它被晚霞染得紫蓝色的天空，我从未端详过它，原来我的家乡是这样壮美！

如今俯瞰少年慌乱的生存之术，一个小孩子时而困惑，时而喜悦，时而哀愁。凡此种种，当然不会被大人注意。转眼就成为流年风烟。

那年冬天我逃学了，家乡天寒地冻。我得了重感冒，一连好多天没有去上学，病愈后即放寒假。新学期到来，一想到每日风雪里的20多里路，我就不寒而栗。我对妈说："就是你打死我，我也不去上学了！"

妈满怀心事地沉默，没有反驳我。我暗暗祈祷，结束这炼狱般的八年级吧。

松懈了下来，第一次感觉阳光那样美！它又暖又绵又软，它春深似海相拥于我，它透过玻璃窗轻轻地揉擦着我的后背，我在暖阳的抚慰下沉沉地睡去。

日后想到我经历的一切，我亲爱的高一同学们，日日在经历，他们是多么坚韧和强大！那时节，乡村的孩子们，能把高中读完的都是好样的。

四

后来我们小学也有了高一，就是当时的八年级。我果断地作出了决定，要回到我们小学重读高一。当我向爸妈宣布我的决定时，爸妈都不同意，我的决心已定，爸妈也无可奈何，他们都妥协了。

突如其来的繁华和欣喜，唤起了我的觉醒。我还没忘记我要好好地上学读书。多少年后，我依旧感谢我那次义无反顾的抉择。

当离别我的高一时，心像五味瓶打翻，味永难言……

我风雪里的高一，春暖花开时的高一，阳光下汗流浃背的高一，操场哨音响亮的高一，打闹非常又泪流满面的高一，老师领着我们高声朗诵保尔·柯察金的名言时的高一啊，我如今就要和你作别了。

我的同桌，我的伙伴，我的老师，我的20里路奔波的高一时光，此时自作主张地为它画上了句号。

在原高一的时光里，我没有任何可纪念的资料，没有同学的合影，没有留下任何照片。

可是在那一年我却写了两本日记。

感谢那时国家普及义务教育至村屯，它指给我一条便捷的路，我沿着那温暖的笑意往前走。我于那年的7月，欢欣鼓舞地回到了我们小学就读高一。

天佑弱小，疾恙无瘳。回忆过往，我的眼睛潮湿了，于那日的春风间，我莞尔一笑，似经历了又一个人类纪年。

五

1977年！1977年是多么让人难忘的一年！

我们国家恢复了高考制度，老百姓家的孩子，只要你学习成绩好，通过了高考，就可以上大学。无论是谁，一视同仁。

而我原高一的同学们，已经在这一年毕业，走向社会，而我正在读高一。

后来国家九年义务教育改为十年，我接着去一个小镇读了史上第一年的高二。后来我参加了高考，再后来读了师范的中文专业。

无论什么人，在什么样的状况下，用什么样强有力的证据，抨击中国现在的高考制度，抨击它有多少缺陷和不足，我都认为有点以偏概全。

我们必须承认，正是因为有了国家的高考制度，像我这样一个个普通家庭的普通孩子才有了改变命运的机会。

某一天，我加入了我原高一时的同学群，大家的模样全变了！岁月的魔方，精彩纷呈又变化莫测。同学们除了感慨就是感慨！点点滴滴的思绪如海浪翻涌……

想说的话很多很多，壅塞在一起，无从说起，举起杯子，让我们醉一场吧，我自倾怀，君且随意……

北京无风，天空蔚蓝，木槿花浪漫地开放着，我凝视着北方，重新打开了我高一时的日记……

五站中学——天下文科班

一

如果翻阅，每一行字都碧波荡漾。如果置身，每一片风景都山清水秀。

它就是我的高二文科班，天下文科班啊！容纳了天下多少学子才俊！启蒙了多少诗人和作家……

有人说：“千万别娶文科生当老婆！”诗歌、浪漫、爱情、知性、小资还有矫情都是文科生的基因！

还有人说：“我做你的朗读者，你做我的摆渡人……”

是谁这样胡说八道？原来都是胡说八道！

二

往事一层一层地落在笔端……

可是我的文科班没有浪漫，也没有那么多浪漫故事。只有踩着雪的记忆，呼啸的北风，寒冷的教室。诚恳无欺的年代，在荒凉的课业里，每人手捧一个小煤油灯，一朵一朵像是开在16周岁里的赤金莲花。没有模考，没有卷海题浪，唯一的学习资料就是我们的教科书。

在那时，盛传一句顺口溜“红米饭白菜汤，捡来草包铺上床，冷风吹着大凉炕，读书求学在异乡……”就是我们那段读书时光的真实写照。

可那年月，资料奇缺，物质匮乏，我们文科班全班同学，在全国大考中，却只有几位同学落榜。其余21位同学全考上了上级学校。

五站中学因我们班，而获得全市中考率第一名的好成绩！

教我们的每位老师，在当年高考中都获得全市教育先进工作者荣誉，而且教委给每人颁发奖金80元！（那年月，老师们的每月工资满打满算才是30多元钱啊。）

知乎里有位网友这样说：“我们县，1979年高考，全县能考上大学的（包括大专）才10多个人，有一两千人报考。有的高中几百人报，一个都考不上。如果以录取率论学历含金量，比现在的985毕业生还高。”

三

我自幼就有个非分之想，认为天下的职业都很一般，而当作家绝对是个好差事。风吹不着，雨淋不着，坐拥小说里的大千世界。可以从容不迫指挥若定，还可以金戈铁马翻云覆雨，可以汤汤浩荡，死而重生。让一切可能和不可能皆在文字里狂欢。

那年初三，我突发奇想就不上学了。干什么呢？在家写小说。还真的写了一篇大约1万字的文字。父母好话说尽，我不听。后来我爸爸的好友齐叔叔来我家，他一顿教训，把我骂回了学校。

从此改弦更张吧，我开始埋头所有课业。那时还算文理兼备，可是到了高一，理科一天不如一天。因为对函数和物理化学实在提不起兴趣，还因为在理科的课堂上全都埋头看小说。所以我的各科成绩，好的更好，不行的更加不行了。

四

高一那年 7 月，我参加了一次全国大考，那年月很奇特！

报考条件放宽到什么程度呢？待业在家的可以报，知青可以报，农民工人可以报。结婚的可以报，当了孩子爸爸和妈妈可以报，大到 30 多岁的哥哥姐姐辈也可以报，小到十五六岁的小同学也可以报。15 周岁的我，虽力不从心，可是也被夹裹在全国高考的这股热流里前拥后挤。

结果，被刷了下来。

刷下来是必然！

因为我知道我的成绩。

可是这一次大考让我彻底清醒了。

后来我在想，理科很烂的我，该怎么办呢？在这个时候，五站中学有了文科班！我在第一时间里听到了这个喜讯。

可是文科班也不是随便什么人都可以进的，要考试。我记得很清楚，在那次四大镇落第秀才里，我考了第二名，我顺利地拿到了去五站中学文科班读书的通行证。

多年后，我读北大教授孔庆东的散文集《47 楼 207》，他在一篇文章里说：“我有一种很顽固的偏见，我认为理科大学不是真正的大学。我虽然一向热衷学习数理化等自然科学知识，但认为它们的价值只在于为人所用的工具性。‘批林批孔’时知道孟子的一句话：‘劳心者治人，劳力者治于人。’这句话对我的毒害非常大。我至今都认为理工科的知识分子属于‘劳力者’，认为文科知识分子才是真正的‘精神贵族’。”

读后，我安静地微笑，我中毒之深，有过之而无不及。唯感觉文科班的成立，是我的一棵救命稻草，那是一个偏科孩子的便捷之路。

问鼎风儿和白云，世界如同弹丸，却没有任何回声，日子折叠成无数串省略号，亲爱的文科班，让我的世界依然春风荡漾……

五

四十年后……

于岁月长街。

我和我的亲同学们相遇了，相遇在肇东的九月江南。同学不多，算我四位，我是唯一的一个女同学。可是真的很亲啊，贵和亲自开车去我们家接我。

说亲同学，就是我当年文科班的同学，当年的男女生，即便头碰头也不说话。鸡犬相闻，老死不相往来，是那时的众生相，至于少男少女浪漫的故事几乎没有。

我会心莞尔，那时总是掐着手指盘算距离高考的时间，总是在心里感叹时间的不够用！满打满算距离高考仅仅八个月时间啊。

那时总是很正能量。大言，背负着家国情怀。小言，为了自己的命运和前途也要好好学习。同志不能不努力！

一别四十年，从来没聚。

一见面，感慨！

相视一笑，都老了！

六

同学们一直都不错，贵和、焕革已是地方大员，志得意满。春生是我们当年的班长，毕业后工作生活都好。丽英因为忙没有赶到，席间特意打来电话，大家视频，她在哈尔滨发展，也非常好。成革还工作在公安的第一线，却是满脸风霜，一看就是位老警察，见了我的面就说："你写这写那，你就该写写咱们文科班！"

我说："是，是！一定好好地写写我们的文科班。"然后大家在笑语喧哗声里落座。

席间没有多年不见的陌生，没有谦虚客套和寒暄。说起上学时的轶闻趣事，大家乐不可支。跳大墙，去粮库偷草包铺床，每日吃得厌倦的大碴子粥，晚饭排着长队还看历史的大事年表，不倦的煤油灯和墨水瓶，不倦的日日夜夜……

中午的红芸豆的高粱米饭是如何好吃……

我那时常吃丽英从家里带来的炒萝卜咸菜，她爱穿我的白凉鞋。

回忆起来，一草一木，一颦一笑，均属蓝天碧野的绝版再现。当年的筚路蓝缕胜似日后的裘马轻狂，都似流水，转眼枯荣……

回首我们走过的脚印，真有点像电视剧《年轮》……

当我们谈起我们的老师时，大家黯然。除了我们的班主任孙老师外，其余教我们的课任姚老师、刘老师和赵老师，都已经与世长辞了！已有三四位同学也已经永远地离开了，其他的同学皆无音信……

七

回归故里，成堆的往事翻出，而我永生难忘的是那个小镇寒冷的雪巷，校园里冰冷的教室……

当年在教室里待不住，我们就跑到宿舍里盖着被子读书。文科班的女同学就四位，我和丽英常常窝在寝室里看历史和地理书。

可吃饭依然是第一重要的大事，从家里运来粮食，兑换了食堂的饭票，是那时每个住宿生的头等大事。饭票兑换到手了，我独自站在校园的一角。心中都在想些什么？是遥远的梦想，还是将要面临的高考？凝视人的生存之处，会有无法言说的滋味。然后把饭票精心地放在书包里，日日背在身上。

我依赖于两位姐姐送给我的炒咸菜和油炸红辣椒增进食欲。女生宿舍里，算理科班的同学，一共十来位女生，大家互相鼓励，啃着课业。最快乐的时候我们唱苏联歌曲《山楂树》……

> 当那嘹亮的汽笛声刚刚停息，我就沿着小路向树下走去。清风吹拂不停，在茂密的山楂树下。风吹乱了青年旋工和铁匠的头发，啊，茂密的山楂树白花满树开放……

我们盼望着寒假快点到来，我就可以回家了。

我们盼望着春天快点到来，距离我高考的日子就不远了。

我们盼望着高考来临又害怕它的到来。莫衷一是的情怀，让我们沉默地望着漫天的飞雪无边遐想……

八

我静静地写完了这篇小文，是时，已是2020年的岁尾了。感谢母校，感谢我的老师授业解惑。文科班是一个青春的符号，它会一直常驻在我们的梦里……

2020年11月26日于北京

十七岁那年我高考

一

十七岁那年，

我高考了。

我高中成绩还算可以。

说可以，有点勉强，成绩好的始终是文科。老师一次次地告诫，我却还是严重偏科！回想那时，我的总成绩就像是得了偏瘫症，不由自主地往一边倾斜。

既害怕又期待的高考终于要来了。宿舍里同学沉默地打点行装后撤离，我和清摆一个胜利的手势，各自回家，休息三天，等待去县里高考。

心是忐忑的……

落榜似乎必然。

因为自己心里明白，偏科的利害！

高中的时代，青涩懵懂的样子，文艺女青年的心，沉默寡言的我，此时愈加沉默寡言。

长书包、一摞课本、墨水瓶、每日匆匆地赶往教室。上下课的铃声，手握翻得有些绵的历史和地理书。和清结伴而行，走在宿舍、教室、食堂三点一线之间。此刻都成为历史了。

那边是谁在喊，文成公主进藏的时间你知道吗？

清隔着丁香花海愉快而清脆地回答："公元前 641 年呗，你当我是考幼儿园的吧？还问我……"然后，花海的那边是一阵笑语喧腾。

现如今都是最值得回忆的一幕幕，思绪在那样的时刻无边无际……

高考结果下来了，我还是落榜了。

几位和我关系不太密切的女生，结伴来我家看我，其实这是人之常情的事。可那时我却极端想不开，表面敷衍，内心却如芒刺在背，我该如何面对这残酷的现实呢？

七月的雨季绵绵地到来，雨总是下着，一滴一滴地都落在我的心上了。我的心比这雨季还沉重，浓郁的情绪经久地纠结，孤独痛苦的青春期，在落榜的日子里，显得更加沉重。

一个人骑自行车穿行于白杨林的羊肠小径，骑得很远很远。因为我知道，累了就可以忘掉痛苦，手头始终握着不知是什么人从什么地方抄来的几页手抄稿，大概是三毛《撒哈拉的故事》等。

想象自己是否也会像三毛一样一个人去闯天涯，像三毛一样去周游世界。想累了就倚在一棵树旁，奢侈地买五分钱的冰棍，看着太阳西偏后再回家，慢慢地咀嚼和消化一个 17 岁少年视野中的沉重打击和痛苦。

二

晚霞燃烧了整个天际，原野苍茫的时刻。那个女孩儿的背影是那么单薄，她是在什么时候摆脱了心灵的困苦与挣扎？我不记得了。但几日后，我还是病倒了。

发烧，嘴角处长了一个破皮疔，开始很小，后来就厉害了。肿得不能吃饭，喝粥也要一点一点地吸。妈妈害怕了，家嫂向我推荐一位专门治疗疔毒有祖传秘方的大妈，波斯菊放浪得近似疯狂而热烈的季节，是那位老人医好了我的病。

妈妈郑重其事地对我说："有两条路供你选择，一条是重读，另一条就是去我们的小学教书吧。人生山高水远，每一段路有每一段路的事，我们不能可着一棵树吊死！"

我依旧沉默寡言，我没有给妈妈确切的答案。大病初愈的我，还是想着去看看我昔日的高中校园。我骑着自行车，白纱布裹着下巴，人消瘦，脸蜡黄，狼狈得如战俘一般的我，走进了昔日的校园。

校园是静静的，只有看门的大爷在忠于职守。宿舍、食堂、门前的步步高花，都沉静得令人局促。我趴在宿舍的窗上看，一通长长的大铺空空如也，那笑声似乎还在刚才响过，此时所有的住宿女生却天各一方风流云散了。

也不知清考得怎么样。

梳着马尾辫的清，想必她考得很好，此时她又微笑着向我走来，就如先前一般站在我的面前。

Z考得如何？

她们都去了哪里？是否已去大学报到了？

Z非常用功，总是一团和气，就爱站在宿舍的窗前晒着阳光看历史书。曾和她有过小小的不愉快，想着毕业以后要好好地和她说说话，疏开那结，可是机会错过就再没机会了。

踏出校门，心还平静。可是当看门的大爷用一把硕大的锁头将大门咯噔一下锁上的时候，我的眼泪不知不觉地流了下来，心，下意识地随着他关门的声音重重地疼了几下……

我的高中时代结束了！我明白，我眼前的路也许前途未卜，可我终将会远离这所学校，高中时代，第一次为它落泪……

三

回家后不久我接到一纸通知书，高考失利的我漏报在一所师范学校的中文专业里。

那是个阴天，叔叔家的小男孩儿首先向我报告了此消息。我拿着师范校的通知书反反复复地看着。手里像攥着一枚似乎不曾饱满却落了地的青果，扔掉可惜，吃了又不情愿。

第二天我只简单地告诉了妈妈一声就走了，我和霞去了哈尔滨。没有什么目的，就是想看看松花江，可是徜徉在松花江边，也没觉得怎样的敞亮。

接着又去了八里城，去拜谒古金代遗址，赶到那里已经是下午，荒凉的八里城城墙始建于金代。

缥缈的雨，灰色的天，如梦似雾中的古城墙。生长着不知何年何月种下的老榆树，榆树们都长得很奇怪，有的树干很粗，却拦腰断了，长出一个歪脖。有的树像伸向天空的一张利爪，叶子也不多，迎着风雨满树泪水。有的低着头如同一位百岁老人，俯首大地。

这些古怪的树围绕着整个城墙，榆树上挂满了红布条，雷声隐隐，我惊骇地看着它们。神秘莫测的八里城就只有我和霞两个人。

暮色逼近的时候，流连忘返的我们忽然慌了。打问路人，他们告诉我们唯一的一趟公共汽车也已经过去了，再没有什么车会经过这里。

惊骇、无奈、无助和绵绵无期的雨，时间一点一点过去，天暗下来的时候有一辆三轮车来到我们跟前停下了。

司机上下打量着我们说：“5元钱！想回家就走。”

我和霞对视半天……那时5元钱真的是天价啊！

司机说：“啥意思？”他开始踩油门。

我和霞拦住司机，浑身上下找遍了，就4元2角钱。

司机劈头就说：“不中！”

无奈的恳求是没用的，就因为缺了这8角钱，司机还是走了。我和霞两个17岁的女孩儿，在风雨中呼号了两个小时步行20多里路，最后还是搭了一个好心人的车到了家。

到此为止我所有的眼泪和小悲小喜似乎都凝固了，凝固在这8角钱上，凝固在这风雨路上。不早不晚，它给我的提示和警醒太及时了！

我单纯的心像是经历了一次遍地寒霜，不过马上就回黄转绿了。它让我懂得生活原来是如此的严酷和说一不二，这才叫生活。

回来后我马上想通了！想法很简单，爸妈很辛苦，我要工作，我要为家里挣钱！

师范很好，我端详着手中的通知书，把它仔细地放在兜里，告诉妈妈：“我要去师范报到！”

未来如何我不知道，做好现实馈赠于我的一切，应该是最明智的抉择，也许以后我会后悔，但我不会惭愧。

如今站在岁月的顶端，俯瞰人生最初的那次抉择，心依旧波涛起伏，命途里我真的真的，感谢那些风雨的激励和洗礼。

倾情三两挚友

一

童年大致有两种际遇：第一种被人欺负；第二种欺负人。

我属于第一种，被冷落是其次，最主要的是被围殴，被谩骂，被夹攻。那些欺负人的孩子汇成童年的恶势力，她们略地侵城般嚣张。茫茫命途，沉沉梦幻，我孤单地行走在阴云密布的天空下。心底是怎样的波澜只有我自己知道……

每每硝烟四起，都是血腥而决绝。

最让我难忘的一次，是三四个小孩儿，如蝗虫一样围攻我。把我压在她们的身底下撕扯，旁边一群孩子沉默地看着。那时真的是崩溃到了极点……

脸上是抓痕，衣服弄脏了！我没有流泪，没有叫喊，只是攒足了力气和她们拼个你死我活。直到妈妈来了，我的泪水才像断了线的珠子，一发而不可收。

二

夏天某日，放晚学的时刻。那天 A 无来由地大声骂一个同班女生，当时还有很多男生和女生正在整理书包，大家正待走出教室。

被骂的女生生性老实，并没有接茬 A 的谩骂。可是 A 觉得还不过瘾，就趁女生不备，将她按着按扣的小外衣彻底撕开，这一刻，女生发育的胸脯全然暴露在所有的男生和女生面前……

教室里一片哗然，

女生大哭着跑出教室。

没想到的是，第二日这样的袭击就轮到我了。还是那个放晚学的时刻，还是那个居心叵测的家伙。当时我是值日生，无意间，A 故伎重演，将我的衣服猛然间拽开（那时农村的衣服流行钉按扣）。瞬间，屋里变得极其寂静，大家瞪着眼，看着我裂开衣服露出的小白背心……

教室里齐刷刷地“啊”了一声，然后再没有声音。

我气愤至极，将手中小铁锨里收起的垃圾全扬在 A 的脸上。一场血腥的鏖战无法避免，战火硝烟映红了血色的晚霞。

我的童年真的是内心悲凉，遍地幽咽……

无缘由地，雪白的衣服后背甩满了墨水点，无缘由地，被恶势力围在中间，肆意起哄谩骂，无缘由地被吐口水，无缘由地被一群孩子前扯后拥，然后倒在地上。

我曾无数次质问自己，

到底是什么缘由呢？

我又没吃他们家的米！

结果没有任何缘由。

都是不白之冤。

后来一位挚友和我说起她的童年，她和我同病相怜，我们聊起来啼笑皆非。她说：“姑且就算命中注定的非难和劫数吧，你纵观史上的侵略战争，有哪一次能说清侵略者有什么缘由。”

有那么一大段时间，我沉默寡言。上学放学，我选择一个人走在路上。我无视于某某和她她的存在，我多余的话几乎不讲，我永远不站在她们的群里。我不停地反思自省，有一天我突然明白一个道理，人不可以一味忍辱负重！

初中毕业的时刻，我只在日记里写下这样的话：“回头，所有的懦弱都过去了！它们是惨淡暗白的骨灰！我——永远不要再忍气吞声！我能捞起的只有我的今天和明天……”

后来这种日子彻底结束！

后来我发现，原来我的坚强，都是她们培养和历练的！感谢我多灾多难的童年！

三

时间轰轰烈烈地向前跑去，童年的一切在眼前模糊了又清晰。

当我走过一个又一个城市，跨越一条又一条路径时，所有的爱恨情仇都归于平静。岁月如同魔方，梦魇一样地向我绽开奇遇，回想当年的那些过往，都是流水风烟。

那是过了多少年之后，在一次宴会上。我又一次看见了她和她，她们一直都在老家。她们除了脸上的皱纹外，一切没变。山河易改，禀性难移！她们的嘴巴依旧明枪暗箭。

岁月会抹平原来的记忆吗？可以。时间里没有敌人，何况那是一段青涩无知的少年时代。

但是而今，大家都走到成人世界了，该经历的都经历了，该懂的都应该懂了，劫波渡尽还有恩仇吗？可是我们说话间几度陷入僵局，我说话没有人接，她们在咯咯地说笑着，我再无别的话可说。

且让我的善意有个底线吧，“圈子不同，不必强融。”不是一类人，远离是最佳选择。分清人生什么是值得和不值得的是多么明智的一件事，无端地把时间浪费在没有意义的人和事上，是多么的愚蠢和无知啊！刹那，我如小僧悟道，突然之间豁然开朗。那是一纸通往内心的护照。

我绵密善良，但是我也有我的脾气和个性，活到了这个岁数，大家都是“千年的狐狸”！

倚着窗外习习春风，吃完饭，释然而快乐。我的心情席天幕地般舒畅，不是为了别人，是为了看懂了的自己。

四

又隔了好几年的时间，有一天我从北京回到故乡。在汽车上我看见了A，她可能没看见我，我一下子愣住了，几年之间她的变化太大了。似她又不是她，可还是那双并不善意的目光，让我断然地认出她来。

她老得让我几乎难以辨认，头发没有来得及染，半边白半边黑，满脸皱纹，干巴得没有一点水分。右手拎着个塑料袋，塑料袋里装着几个包子，她正和一个熟人说话。唯有那双目光还是那么冷冰冰地看人，看周围的世界。

后来得知，A 生活极度波折。

《芳华》里有这样一段话："等你再长大些，你就会明白，上天是很公平的，人得到一些，注定就会失去一些。有时候失去是为了得到，这时候得到意味着失去，这世界上没有人什么都有……"

当 A 转过头时，我将目光移开，车窗外、远方、蓝天，微风吹向稻海掀起层层涟漪……

五

最孤独的人是谁？是在最热闹的地方，在最热闹的人群里随声附和……

女作家程乃珊曾在她的文里提到过张爱玲，程乃珊的婆婆与张爱玲曾是同学，就读于上海一所贵族名校。她婆婆说："张爱玲不爱和人来往，不说话，有很多人排斥她，她总是独来独往……"

张爱玲即便成名了，亦不和人来往，只有一个叫炎樱的女孩儿为伴。后来炎樱引荐张爱玲认识胡适。她和炎樱两个人是看一眼就相知的那种，甚至张爱玲在美国的婚礼，也只有炎樱从始至终作陪。炎樱目睹了张爱玲的岁月冷暖……

六

童年的往事像潮水般漫过记忆，抚摸着旧日伤口，依然有点疼。妹说：“怎能不疼呢？因为疤痕还在……”是疼痛让我们懂得该远离和剔除些什么才叫清清爽爽的人生。

活来活去，更觉得不必讨好了！妥协往往让日子拖泥带水，不喜欢的就清除。三两挚友相知，一个可以把握的事业足矣，如此安好。

我虽微不足道，我自有我的快乐和逍遥。

是年冬，北京万里无云……

2018 年 1 月 18 日于北京

五站中学——我的昔年昔月

一

如果说，文字也有香气的话，那故事一定赋予文字最美的渊源。昔年昔月，遥远如梦，那履印辙痕，早已微茫，可往昔沉淀的点点滴滴，却成了我难忘的素年锦时。

藏蓝色的长裤，白衬衣，学生头，长带书包。是我入职时的样子，头上的天空微雨，云破处是一道烈焰的光，我青涩，略微拘谨，手里攥着一本文艺杂志。

日后回忆，人在哪里停留，在哪里撤离，心心念念皆是天意。

校园不知建于何年的青砖老围墙，在雨中更加沧桑和威严。参天古树掩映下的大门，硕大的“五站中学”四个字是红色的，显然旧了，但在苍灰的天底下尤为醒目。一排排错落有致的青砖草房，窗明几净，传出一阵阵读书声，在寂静的雨天，清脆琳琅传出很远。宽阔的校园和操场，偶尔有青春跃动的倩影和打着伞的校工……

清白清白的天底下，成片的格桑花在校园里，仰着脸迎着风，娇艳地开着，雨中一副乐在天涯的样子。

这一天永生难忘，我孑然一身，怯生生地来校长室报到。还记得当时的校长是周由先生，他是安徽大学数学系毕业的。

二

入职很顺利，我被分配到语文教研室工作，任初二两个班的语文课。从这天开始为人之师。可是20岁的我，弱冠之年，站在讲台上，抬眼是一群德高望重的老教师，低眉讲台下是几十双眼睛晶亮晶亮地盯着我。

彼时的我，诚惶诚恐，那颗初心，像是走在皈依的路上，像是在虔诚地修行……

初为人师，心净化得一尘不染……

我的弟子们，有的来自小镇街里，有的来自家在八九里路之外的小村。看到那些汗流浃背跑来上学的孩子，比他们大不了几岁的我，自觉和不自觉地竟成了他们中的一员。

难忘在那最冷最寒的日子里，他们给我带来的冻疮膏，掏出兜里新炒的爆米花，一小把一小把地放在我手中，记得在告别教师生涯的时刻，他们送给我的日记本，从口袋里掏出漂亮的小手绢递到我的手中……

我的第一堂公开课，是鲁迅的《从百草园到三味书屋》："有人说，何首乌根是有像人形的，吃了便可以成仙，我于是常常拔它起来，牵连不断地拔起来，也曾因此弄坏了泥墙，却从来没有见过有一块根像人样。如果不怕刺，还可以摘到覆盆子，像小珊瑚珠攒成的小球，又酸又甜，色味都比桑葚要好得远……"

学校的公开课结束了，反响差强人意，我的小弟子们却表现得极其踊跃。让日后离开学校的我一直在想，我的那些覆盆子们和木莲们都去了哪里？！

三

岁月陡峭，人事音书，无论远山是黛蓝还是暖黄，转眼就是新天地。

2020 年 5 月，我从北京回到黑龙江。这次回来，下决心，一定看看这所久违了的老中学。自从我离开就再没回来过。

可一连数日淫雨霏霏，忽然转晴，我便驱车赶往。心中极富想象的学校，映入眼帘的全不是当年的样子。

如今的它，面目全非，大门紧锁，荒草萋萋，由邻居老乡找来了现在的主人，我方得入内。我蹑手蹑脚，暗自嘘唏，还是惊动了关在笼里两条大狗，它们响彻云霄地狂吠，我如同深陷一座荒岛，举目张望，从惊恐到不知所措，我触及到了什么？我看到的是，它半个多世纪风雨刀割后残存的半张脸！

这里没有人居住，堆着废旧物资。地上开着妖娆的野花，脚边忽而飞窜的老鼠，阳光下闪烁的瓦砾。残破的老椅子倚着一堵老墙，风中静静的树，忽而沙沙作响。时值晌午，我茫然四顾，让人不时心潮翻滚又不寒而栗。原来那姹紫嫣红开遍的中学，今天竟是微风拂过的断壁残垣。

它的模样让我骇然、寒意，时间真是一个怪兽！

四

言归正传，还是让我力所能及地回味一下我工作之初的经历吧。

正当我工作之初，我的父亲猝然与世长辞了！忽而我的整个世界都似透风的日子。

走在白太阳下的我，形单影只。踩着杂沓的脚步声，沉默寡言，备课上课。不懂安身立世的我，对人情世故一窍不通。无法言说的青涩，在四季风雨里，斑驳了一地。

没有了父亲，想多陪母亲，所以选择通勤。

彼时家早已搬到哈尔滨远郊，它距离我所工作的学校 18 里路。也就是说我每天要往返 36 里路，通勤上班。

只记得通勤的日子更加辛苦，我骑着单车，迎着风雨，深而老绿的白杨林，风哗哗地一吹叶子，一阵灰白一阵苍绿。不变的风景会在眼前晃动一个小时，才能到达目的地。路边一滩滩的芦苇，风吹着它的一头白花，看久了眼睛生生地疼……

通勤的路上，每日要经过一个废旧的牧场，牧场的四周极像父亲生前带我去过的草原。

牧场的厂房早已经没有人住，紧靠路边，白墙粉脱落。四周是满眼紫色野花和红色的一大片一大片的红蓼花……

每每骑自行车到这儿，就想停下来，坐在路边。极尽目力地望向天边处，看看父亲会不会就这样活生生地从远处的天际线走来。之后我泪流满面，沉默地擦了泪，跨上自行车飞快地向家奔去。

五

古朴而历史悠久的中学，纪律严明，每日下班后必开例会。会议内容细致入微，大到山河岁月，小到甬路上的废纸团，都一一被我们校长梳理一遍。会议宣告结束，夜幕早已降临。

我回家的路，要穿过没有路灯的小镇，废旧的牧场，坟地，荒无人烟的苇塘。20岁的我就在这样的路上一个人骑着自行车，跌跌撞撞地跑到家。

秋天无人的夜路，萧瑟而诡异。电线杆上丢在半空的绳索，风扫起簌簌落叶，掀起一阵阵怪异的声响，都让人疑心会发生什么。月色像深秋的冷水淋了一身，路边树影婆娑的坟地，忽然间飞起的鸟儿，都在极尽恐怖的背景之下，瞬间让人毛骨悚然……

从此便知什么叫工作了，什么叫工作之后那份一个人的担当。那一天那一月那一年，那刚刚参加工作时的特殊氛围，如今常常会在梦里出现。

六

后来住宿。女教师三人。我、安，还有S。

安和我一样，也是教语文的，适中的身材，面容白皙，利落的短发。穿一件草绿色的衣服，阳光下微笑的模样。我们互相介绍着自己，此时我的心里些许安定，我终于可以住校不跑夜路了。

新室友都很矜持，相互之间小心地把友谊均匀地分给对方，不会过分热络，也不会冷淡，我也有分寸地处理着三个人之间的关系，在一起的大半年时间几乎都是这样。

我和安常常在晚饭后去大教研室弹琴消磨时光。大教研室是语文、外语、物理、数学等科教师共同办公的地方。那里有一架木制老风琴，彼时有风吹来，空旷的校园传来——“长亭外，古道边，芳草碧连天，晚风拂柳笛声残，夕阳山外山……”

那《送别》的曲子一遍又一遍地回荡在校园……

校墙北面有个缺口，我们时常趴在那里看夕阳，看紫色的马铃薯花无边无际地开放。

隐约的犬吠，校外白色炊烟如诗，柴扉的烟火味提示我，暖暖的世俗生活就在比邻，就在一墙之隔。可是偌大的校园，空旷到几乎没有人烟，只有我们几位女教师和校工安静地待在各自的角落。

老中学的院子，传说是有狐狸的，真耶假耶，可是不得而知。

白杨树参天的傍晚，丁香花不败的黄昏。我们几位女教师，白天按部就班工作，晚上从容走在院里院外的月色下，处之泰然，却从没见过狐狸，或惊现什么灵异事件。

可是有一回却不一样了！

有一天，西北风夹杂着料峭的雪花，悭吝寒冷的夜，我们的宿舍，雪夜拥炉温暖如春。三个女生窝在炕上，S打着毛衣，安在一遍遍地看着家书，我翻阅着《呼啸山庄》。

我们三个睡去又被惊醒，大约深夜2点多，是被一道强光吓醒的。一个相当于五节电池的硕大手电筒的圆，直接按在我们宿舍的窗玻璃上，足足有五六分钟……当时的我们和外面的手电筒只隔着一层玻璃和一层窗帘！

20世纪80年代，真是夜不闭户啊，女教师宿舍的窗户是没有镶钢筋的。我们被吓得骇然却异常冷静，三个人屏住呼吸，相互沉默地攥住手，悄无声息。

后来那个手电筒离开了！

是人是鬼，是校外的小流氓，还是灵异事件，都不得而知。埋藏在心底的秘密，直到今天。

沉落于时间里的往事，就连那最惊心动魄的一幕，也已经是那么风清云净了，世界还有什么恩怨叫无药可医。

如今好友安已经和我失联多年，真想知道她现在如何，过得怎样，她在哪里。

七

其实爱上这所学校，都是我的后知后觉。当时没觉得这个校园有多么好，也没觉得它有多么不好，只记得当时总是固执地想，有一天一定要远走高飞。

当一个人路走远了，才知工作之初的可贵。无论往昔月寒星稀，还是盈水千华，都觉得难忘……

比如，五站中学雄厚的师资力量在全市数一数二，考生成绩在那年月全市名列前茅。

比如，从这个学校走出去的莘莘学子，卓有成就的比比皆是，教授、企业家、医生、教师、高科技人才……

比如，它是当时四大镇中仅有的高中名校。身在这个校园，乡村孩子放眼就可看到外面更辽阔的世界。

比如，曾一度在这所学校任职的校长，还兼着市委委员的职务。

比如，五站中学建校距今已经整整六十四年！ 1957 年就建校了，仅次于肇东市的一中和二中。

这所学校让我倍加好奇，它的历史风云，它的文化氛围，它的辉煌和落寞，它的艳与寂，都是怎样的？

可是怎奈，它没有一点文字记载，我查遍百度和知乎，找不到五站中学的一点点文字介绍。

八

怎么办呢？疫情期间，不能各处走访，但还是依靠网络，我联系到了过去在五站中学工作过的老教师和老学长，他们热情地向我发来消息。

老教师于继才说：“我是1969年分配到安居中学任教的，1974—1977年转回五站中学院内开酒厂，商号为德增烧锅。1946年后，五站镇改为乐安县政府，由八路军的一位指挥员冯克武任县长。当时土匪攻打县政府，战斗很激烈，至今在墙上可见弹洞。不久该院内一部分建立一所“荣军疗养院”，另一部分改成了粮油加工厂（后来就成了五站粮库）。五站不再叫乐安县了，改为五站镇。而“荣军疗养院”后来成为五站中学。

64届的老学长李泽英说：“五站中学建校是1957年春，第一批毕业生是1957年夏季，这批学生是建校后从肇东二中直接划过来的，民主和四方公社的学生最多。当时的教师在我上学时仍在五站中学教学，我的哥哥就是五站中学毕业的，他是1957年第一届毕业生，我老家还有当时的毕业照片呢！这部分学生，现如今都八十二三岁了。”

如今这所中学真的老去了，它老去的样子也会渐渐消失的。可是它的故事是渗透人心的。

将要离去的时候，看门的大姐说：“这所老中学不时有人来探望，前几日有位老人，是她女儿开着车陪他来的。下了车，我才知他是坐轮椅的，女儿推着他走进校园，他原来已经94岁了！”

我惊讶地问：“他是谁？叫什么名字？”

她说：“他是原来的老校长，名字叫赵今。”

九

写完这篇小文，我百感交集……

似水流年，涛声依旧，一所老中学，被时间漂白成蔓草荒烟，从此再无四大镇唯一的那所高中名校。

遂想起法国女作家杜拉斯的《情人》，她在书的开头是这样写的——

> 我已经老了，有一天，在一处公共场所的大厅里，有一个男人向我走来。他主动介绍自己，他对我说：“我认识你，我永远记得你。那时候，你还很年轻，人人都说你美。现在，我是特为来告诉你，对我来说，我觉得现在你比年轻的时候更美，那时你是年轻女人，与你那时的面貌相比，我更爱你现在备受摧残的面容。”

因为这句话，我细细地读了两遍《情人》。

五站中学老了，老得苍黄老绿，如今它的容颜不好了，它注定丑陋了。老了的老学校的精髓，假如还能赢得上述的评价，则是玉一样的光辉了。

谨以此文献给与五站中学有渊源的四面八方的朋友……

于2020年8月10日

五站际遇——我的工作之初

一

天尽头有一个小镇，它叫五站，在遥远的东北老家。还记得白色的隆冬，我仰头注视这漫天雪片，缤纷地打在我的脸上。北风凛冽，白雪皑皑，我却一点也不觉得冷。

我和室友常常在下班的时刻，一路小跑着去电影院看《庐山恋》《巴山夜雨》《山城雪》《大渡河》……

那便是我的工作之初……

我生命中的两年多时光，是在五站镇度过的。那是遥远的1980年代，小镇春绿冬白，丽日蓝天下的阵阵碎响，略带城镇气息的蓝色氤氲。四季里静静的岁月，暮烟疏雨，静雪悄悄，小镇各安生业，躬耕不辍，流淌着它的冬夏春秋。

尽管五站是当地居民眼里艳羡的“城市”，是周围人们心目中的最佳去处。20世纪80年代没电视、没手机、没网络是正常，可是小镇当时自来水也是没有的。校长室一部手摇电话，是需要总机来接通的。所以每每有电话来，那接电话的声音不是在说，都是在喊。那时能拥有电话是不敢想的梦想，而打电话也是极奢侈的一件事。

大家的通信往来，还是借助于书信，如同王湾的句子：“乡书何处达？

归雁洛阳边……”

可是五站紧邻哈尔滨，它有两所医院、两家国营综合商店、一家国营副食商店、一家国营生产资料商店、两家饭店、一家电影院、一所重点高中。

每天有两趟通往哈尔滨的客车往返于省城，基本上哈尔滨流行什么，这里前沿的时髦青年，就能最早地穿在身上。这是其他乡镇无法比拟的，所以当时身为五站镇人，无不有些微的自豪感。

对了，我去外地上学的时候，母亲在五站镇的综合商店，给我买了一件草绿色的大衣，样子非常好看。售货员用好听的声音对母亲说：“这是最新流行款，叫风雪大衣。”窗外雪花纷飞，当我披上“风雪大衣”，少年的情怀里塞满了惬意和梦想……

二

小镇一家一家，高低错落的房舍，小门小户，安生寂静。日出而作日落而息的人们，在恬淡的蓝天白云下，冬天一庭白雪关在门外，大部分人家都猫冬了。

夏天的这里表情更是知足的熨帖，春夏秋冬的十字街是人来人往的市场，是最热闹的场所。不远处的国营铁匠铺，淬火生金，隆隆的声音不绝，是最接地气的声音……

20 世纪 80 年代，中国农耕时代，周围农民的犁地用具，似乎都可以在这家铁匠铺里得到最好的解决。

怎么就叫五站镇呢?

五站镇名源自古驿站名，清乾隆年间，开辟乌兰诺尔也就是今肇源县新站至呼兰城之间的一条驿道，共设六台站，第五站就是今天的五站镇。

它原址在今五站镇平安村，那里是一片草原，地势低洼，移至今址，故称其地为“五站”。

五站镇历史悠久，始建于1736年，有二百六十六年历史了。

我20岁时，在小镇唯一的这所高中教语文。回想起来，那际遇和滋味有点像末代知青……

三

小镇的东头有一家小卖部，名曰“东头小铺”。两个姐姐常光顾那里，买针线、买鞋面、都是她们简单宁静日子里的必需和小快乐。

小铺门口的小板凳上常坐着一位大爷，不知姓甚名谁，灰色的褂子，满脸皱纹，迎着妩媚的阳光打盹。

当记忆慢慢划过远方无尽的水面，老人的脸忽而又变成一枚成熟了的麦穗，迎着风晃呀晃……还记得在那家小铺，我曾经花2角钱给二姐买一个绿色的粗瓷大碗，姐说那个碗煲汤非常好喝。

那时我在学校住宿，宿舍就在学校传达室的旁边。7平方米，宿舍简单而空旷，只有一铺小火炕和一个办公桌。每天要去抱柴生火烧炕，才能安生地入睡。

食堂的伙食简单到一日三餐一年基本没什么变化，中午饭主食芸豆高粱米饭或馒头，副食永远是炒白菜，或白菜炖土豆，或萝卜汤。晚饭是芸豆玉米粒子粥，那时没有减肥这一说，大家谁也不胖。

我的年轮就在这样的天空下，在这样的街巷，在这样的碎响里留下踽踽独行的脚印。

星期日，中学的早晨是清寂的，我就去大姐和二姐家。第一是可以解决想家的心思，第二是可以在那儿蹭饭，傍晚润黄的灯光，我坐在姐姐家的热炕上，姐妹围在一起说家常，温暖至极。

后来又来了一位新室友——Y，她乐天派，比我大好多。

食堂的饭菜实在是吃厌了，我们就拍开粮库的食堂要一条红烧鲤鱼，烧得红辣的豆腐，然后把就读在此的妹妹还有妹妹的同学也叫上。几个女孩儿为了一次改善而欢天喜地起来……

吃完饭，1 角钱一茶杯的瓜子和爆米花是那时唯一的零食。和买瓜子的于大爷讨价还价一会儿，零食买了回来。爆米花碎金一样，嚼一口嘎嘣脆，味道弥漫整个屋子，大家欢快地吃着，你一句我一句地唱歌，算是一次放浪形骸和一次对自己的彻底纵容。

黄昏遛弯……

走过街边，Y用手指一家一家地数着那院落里的灯光。然后我们一起猜，哪一家最温暖，哪一家最幸福。数过数个房屋和院落，数累了我们都沉默无言。年轻的心海也会波涛汹涌，质问自己，人生什么才是真正的幸福？

Y 忽然认真地说："将来我们成家了，我们要做邻居！"

我诚恳地点头，像是记下了一个世纪的诺言，我说："一定的，我们要坐在一起看书，一起去买菜，说家常。"

可是多年后，我和 Y 竟然南辕北辙，相隔数千里，Y 在哈尔滨定居，我住在北京。

四

星期天，初春清冷的街，回到宿舍是更冷的。我们不厌其烦地在外面闲散地逛着。

老榆树下，几个大婶在聊天，她们说：“嗐，过日子啊，就是干活，干完活吃饭，吃完饭再干活啊！”

另一位大婶嘿嘿地笑着，毋庸置疑地断言说：“对啊，天下谁不是这样！都一样的。”

当时21岁的我，听了这话无语了好一阵……

这两位过来人，怎么对人生概括得如此断然和决绝呢！

当时，我的心一下子纠结起来，凭什么人就剩下吃饭和干活，干活和吃饭了？！心在喃喃发问，我眺过小镇目力所及的远方，难道真的是“夫人不言，言必有失”吗？

未来是什么样子？

我的远方在哪里？

如此仓皇地思索了整整一个晚上，未果。晚霞染就的紫色天幕下，似就我一个人，一个小镇，在那个晚上，我整整伫立了一生。

五

学校有个阅览室，也是我常光顾的地方。阅览室坐着一个50来岁的中年女人，大家都叫她S大姐，她已有了不少的白发，终日端着大茶杯，慢慢地喝着，不爱说话也不爱理人。

因为我常去借书，和S大姐是熟悉的陌生人。

那日S大姐开口了，问我："你多大了？"

我合上书，抬起头感到受宠若惊，慌忙地应答："20岁。"

S大姐仔细地看看我："啧啧，怎么黄皮拉瘦的？！"

和我同去的Z老师向我努了一下嘴，又看看S大姐小声地对我说："别理会，她脑子有些不好使！"

我沉默地向他们微笑一下，又埋头于一本杂志中。

S大姐又说话了："你看我年轻那阵儿，在人群里那是数一数二的，大辫子抵腰，回头率唰唰的，工作也是唰唰的！领导没有不钦羡的！……"

Z老师也长叹一声："唉，就是时间无情啊，是吧？多么美丽都抵不过时间啊，你说是不？！"

S大姐不再言语。

走出阅览室，Z老师向我说；"您别往心里去，她那人就那样！"

我说："不会。"

Z老师说："她年轻时人长得好，工作也出色，这是事实，如今人老了，大辫子变成了一堆白发，脑子也不好使了，这不，领导就安排在这里整天地坐着。"

从阅览室回来，我心潮起伏……

S大姐的话把我伤到了。

我在想S大姐的今天，该不会就是我的明天吧？我越想越郁闷，难不成我也就这样被手中的粉笔头一点一点地磨老，然后像S大姐一样病在这个小镇，直至老死在这里么？

后来的几天，我就一遍一遍地听罗大佑的磁带——“看看忙碌的世界是否依然孤独转个不停，日出唤醒清晨大地光彩重生，让和风拂出的音符谱成生命的乐章，唱出我的热情伸出我的双手让我拥抱着你的梦……”

忽然我想逃离这个小镇！我必须逃离这个小镇。

六

后来我果真改行了，去了新闻单位。

幸运的是那年，我的人生开始另一个阶段。听说市委机关报缺人，我拿着我在各报副刊发表的一沓厚厚的稿样，在一个亲戚的带领下，就去面见当时的市委宣传部部长。

真没敢抱太大希望，但是心里却还是跌宕不已……

静悄悄的部长办公室，我们小心谨慎地敲门，然后进屋。我的亲戚措辞严谨，寒暄后介绍我的情况，我沉默地递上了我发表过的文章。部长接过文章低头看，在这期间，有好几次电话打进来，打断了我们的谈话。他放下我的文章接电话，我的心始终提着，终于电话挂了，部长又认真拿起我的文章接着看。十多分钟后，他放下手中的文章，只和我们说了一句话：“回去等着听信吧，”然后站起身说，“就这样好吗！”

部长开始送客了！

我们灰溜溜地走出部长办公室，就这样被打发了。

出了门，亲戚向我吐吐舌头……

他说：“没有多大希望！你别往心里去，其实教师干着也挺好。”

我莞尔一笑，笑掉了那日所有的仓皇和狼狈。

意外的是，于那日只隔十天，宣传部打来电话，电话是直接打到我们学校的，工作人员告诉我拿着自己的简历去宣传部报到。

突如其来的喜讯，我一时难以理清。第一个想法是想回家，回家告诉我的妈妈，告诉她，我要换工作了，我要去新闻单位，去做记者或当编辑。我的妈妈太苦了，我想让这高兴的事化掉妈妈心头的阴霾。我的大脑在急速地旋转，许许多多的事纷至沓来，我要去面见我的领导和校长，我要去教育局开调令，我要去和我的学生告别……

一件一件地办着迎面而来的事宜，诚惶诚恐却又紧张万分，只感到此刻，小镇、中学、平日嗡嗡的碎响一齐涌来又向身后倒退。仔细地回望着我的宿舍，我的办公桌，我每日给学生上课的教室，经常遛过的小路，和Y一起吃饭的食堂，它们都无言地静默着。

七

我端详着小镇最遥远的蓝天，我青涩的汗水和泪水可以灌溉我的梦想和我笔耕过后鲜香无言的日子吗？

那个年代的人啊！

无论百姓、平民、领导、高官，多么正直！多么纯朴！多么厚道啊！那位言语不多的部长没有吃过我的一顿饭，没有抽过我递上的一支烟，甚至当时没有听到我说声谢谢。而他那言简意赅的一句话，就在那一年那一天的那一时刻，我小小的梦想就在他的手里乾坤已定了！

临要告别校园的那个下午，我站在小镇中学幽深的院子里，被我的学生团团围住，他们抱住我流泪，他们不知道我要去一个什么地方，他们不知道他们的老师犯了什么错而被调走……

那一刻，我的泪水也盈满眼眶。我不是一个优秀的教育工作者，但我是孩子们的知心朋友。我和我的学生们感情极好，此刻我只有无边的愧疚。走的那天，小镇蓝蓝的天纤尘不染，我曾工作过的中学被埋在一片老绿的树丛中。围墙外是成片成片的马铃薯紫色的花朵，围墙内的一处掀掉砖头的墙口旁挤挤挨挨地露着一群孩子的脸，他们在向我使劲儿地挥手，那是我的学生们……

我的泪水再也无法抑制，可是久违的小镇，我工作之初的小镇，就这样匆匆作别。

梦很重，路很远，都像挂了泪珠一样，那年我20多岁……

愿你我归来芳华依旧——致敬报社的日子

一

当岁月已成山高水远，青春它在何地？翻开这部青春的山水读物，它通向旧日光阴、灵魂和最美丽的季节，那便是我工作的地方—— 肇东报社。

忽然有一天，我打开电脑，看到百度贴吧有这样一段文字映入眼帘……

一位叫婆婆一丁的网友说："写给遗忘的《肇东报》——公元 2003 年 12 月 15 日，《肇东报》停在了 4906 期上，停下了。47 年的坎坷、47 年的欢乐，为肇东积累了资料、史实，这种可以反复阅读、互相传看，不受时间、地点、条件限制的最方便的新闻手段停刊了。从此，老百姓想看肇东新闻吗？买台电视机吧，否则没有别的渠道！那最后与我们告别的 20 位编辑记者今安在？好想你们……"

在这里郑重解释一遍，当年为了响应国家号召，全国几千家新闻单位永久叫停，11 万报社人员分流到各个机关事业单位。

读到这位热心读者贴于网上的话，我的心热辣辣的，眼角湿润，遂写下了下面自己所有的感受……

二

踩着旧日的巷子口，思绪翻来覆去……

那时骑一辆单车的我，往返于家与报社之间，安静而美丽的早晨分外忙碌。我抱着一大沓稿子，埋头细读。那样的时节，那样的早晨，似乎人都不染尘埃。大家不声不响却分外有序，外面的汽车已经发动，记者们行色匆匆地出发了。工人师傅拿出当日刚出版的最鲜香的报纸，让总编签字。我在报馆的资料柜里翻出最心仪的图片，配发我的文艺版面，风从窗口吹来，窗外的白杨树叶哗哗地翻卷着……

那样的早晨就像晶莹的露珠，带有一种气味，有一种清新提神的魅惑，让你马上进入工作角色。似乎就能听到青春时节的脆响，风漫过草地的旖旎，还有大朵大朵的白云飘荡，今天回过头再看这份工作之于一个人的意义，我感慨于心……

那是一个手中没有电话，电视并不普及，没有网络的时代。而摊在面前的报纸，又是何其重要！

我们《肇东报》周三刊，全国发行，从领导到采编和印刷厂的工人大约40来人。

人们吃早餐时要读报纸，无聊等车时刻要读报纸，黄昏傍晚和整个的一天，人们离不开手中的报纸去瞭望身外的世界。如今想起，那淡淡的油墨味胜似花香，那纸媒的光与影交织的欢喜，都是那个时代给我留下的深刻烙印……

铺开报纸，低头阅读，每每看上去都似神仙。可如今却成了往日时光……

三

我工作过的报社坐落在人大的后院，一趟小平房，黄色的墙皮。院子里有两棵很粗的老榆树和白杨树，安静而凛冽地迎着每天的日光和风雨。

在这趟小平房里，集中了全市的高精尖的才子们。小城 80 万人口唯一的舆论工具，每周三刊的报纸，就从这里准时出版，送到全国各行各业的读者手中。

和报社的第一次结缘始于 20 世纪 80 年代，那时我还是一个文艺青年。一日下午去领稿费，想找当日的文艺副刊看看，可是没有找到。上面一篇很长的通讯报道吸引了我，署名是“本报记者王冬”，后来才知写通讯的人是当时报社的编辑部主任，这种署名方式和文章的新闻气魄。让我热烈而怅怅然，羡慕极了。

命运有时很像一个魔方，我没有处心积虑却已柳暗花明，不久我也成为了报社一分子。

欢喜自不用说，报到的那天，我望着小城的蓝天，踏踏实实地想，从此就这样在小城温馨的日光下，在平平仄仄的句子里徜徉。在那散发着油墨香的小平房里，当一辈子编辑吧，我心甘情愿。

清晰地记得，初入职时的某一天，编辑部主任王冬通知我和他一起去采访高考前的考生和考生家长的心态。那是我到报社后第一次纪实追踪报道，和头儿一起去采访，当然是欣欣然的。历时三天的采访，初识了一个记者应该具备怎样的新闻素质。后来得知，那篇报道在《黑龙江省人口报》

原文刊登……

一个人的潜质是藏不住的，之后王冬被调走，再后来他成为掌管大庆市新闻和文化旅游的官员，想来一切皆是天意。

报馆是片神奇的土地，笑声和步伐都是风风火火的，大家在那样的氛围中自信而从容。很难忘那年月一个个老编辑和记者们的犀利而热情的报道。那声音接地气，暖人心，来信来访，金融财经，文体诸事，田间地头，市井百态，草原人家……

诸多文字和文章被老百姓叫好，如今有好几位领导和同事都已永远离开了我们，昔年昔月皆成云烟……

四

刚入职时，同事不熟，自己是个新手，新闻敏感性欠缺。因为是借调，只干活不开支。那是一小段难挨的日子，新同事面前落单儿的尴尬，迎面而来的工作忧烦……

采访归来的路上，悄悄地哼唱郑智化的歌：“玩火的孩子烫伤了手，让我紧握你的小拳头，爱哭的孩子不要难过，让我陪着你泪流……”一天一天的日子蜕变了所有的仓皇。

后来，我在城市的一角买了一个小院，我把墙壁涂上最明亮的色彩。我把我所有的书籍塞满书柜，我每日蹬着一辆红色的自行车，我每日从城南骑到二道街的报社。我自信满满，我把手伸向蓝空，我内心塞满豪言壮语为自己打气，开始我的职业生涯。

当时报社的编辑和记者年龄平均不超过 28 岁，真是年轻啊！风风火火的年龄，风风火火的工作，大家时而微视时而宏观，风霜雨雪马不停蹄，每天接触的人和事都是新的！新的！

有时为了赶着将报纸第二天准时送到读者手中，大家忙到午夜，男同胞们送女同胞们回家，大家一路哼唱着罗大佑的歌《光阴的故事》……

春天的花开秋天的风以及冬天的落阳
忧郁的青春年少的我曾经无知地这么想
风车在四季轮回的歌里它天天地流转
风花雪月的诗句里我在年年地成长
流水它带走光阴的故事改变了一个人
就在那多愁善感而初次等待的青春
发黄的相片古老的信以及褪色的圣诞卡
年轻时为你写的歌恐怕你早已忘了吧
过去的誓言就像那课本里缤纷的书签
刻画着多少美丽的诗可是终究是一阵烟……

那夜幕下歌声，同时光一起凝结在那儿，叮咚作响，在无涯的时间里化成金子般的碎片……

五

不久，我接替了文艺副刊编辑工作。看完稿子，余下时间打乒乓球，赢晚饭，然后大家一起欢声笑语地拍开小酒馆的门要饺子吃。男同胞们讲着一个个冷笑话和并不过分的段子，喝酒行令处，都是机关，然后大家哗然爆笑……

在那样的时光里，大家年纪相若，侃大山，逗乐子，谈人生。围在一起，嬉笑怒骂都是寻常。偶尔，下雨天不愿回家，大家就去于姐家蹭饭，大家猛夸她的厨艺，要么说她铁公鸡一毛不拔。这顿饭就这样轻而易举地被蹭来了。

最难忘的一次周六、周日的两日游，大家约好去松花江岸边渔业站玩。记者部主任徐耀是团长。团长带队，有吃有喝，大家跟着起哄，可是住的地方并没那么方便。

乡长是我们大家的朋友，他微笑着有些为难地支吾着说："江边这里就一间住宿的大屋。能睡下吗？"

徐耀说："没有别的房啦？"

乡长点头："没有了。"

徐耀又问："那几张床啊？"

乡长说："八、八张……"徐耀爽快地说："实在没别的屋，那也行啊。"

乡长的脸红了，他磕磕巴巴地说："什么行啊？徐耀你是不是让我犯错误啊？那你这不是男女混住吗？你咋想的啊？"

徐耀大笑说："你别瞎操心了，我们都是守法公民，天不早了，你快回家吧，啊。"

我们一帮人呼啸涌着进屋，有人拿出扑克扬言："今晚就是要战斗到底，不赢到床位誓不收工！"大家一片笑声。

乡长大人直到看到我们个个心怀坦荡地说笑，才肯回家。他大大咧咧地说："你们这些人啊……"他走后团长发布命令："所有女生两个人一张床，先睡。余下的床位，男的凭本事赢！赢不到床位的当更夫。"

当即屋里一片哗然大笑……

那一夜，热烈的吵闹声整整一夜，大家谁也没睡好。可是却成了日后最难忘的时光。

那样的青春季节，那样朝气蓬勃的20多岁的年龄，那个让人捧腹，乐不可支的一件件往事……

爱我的故乡小城，爱她四季分明，爱她碧蓝的天空，爱她朴实的民风还有一别经年我们报社那有关青春的欢声笑语，林林总总的开心日子。

六

也有最不堪的时候……

1995年我们家住上了楼，60多平方米，装修一新。其实很平常的一件小事，喜悦在心，装不住，就把报社我所有的同事包括印刷厂的工人都请到了我们家。大家聚在一起，吃喝谈，海阔天空，淋漓尽致……

我醉了，我先生也醉了，我们开心得一塌糊涂……

杯盘狼藉，喝剩下的饮料，没喝完的罐装啤酒，浸灭的烟蒂，大家吃完喝完笑完说完都走了……屋里静静的，我低下头来一件一件整理，收拾一切……

日后想起作家刘同的句子，心里怅怅然："每次搬家时，都会去宜家买很多碗筷，想着多少朋友的聚会，多少鼎盛的沸腾。然后兴冲冲地举行年轻的聚会，开心得一塌糊涂。第二天，再看见这一桌的凌乱，才明白没洗的杯具都是悲剧，没洗的餐具都是残局。再以后，它们都安安静静地躺在橱柜里，唯一的用途就是回忆……"

最后大家都散了，散落到祖国的各个地方。王冬和暴老师在大庆，文成、铁津、爱国去了哈尔滨，玉学在成都，我在北京，明伟在上海，天丽在深圳。所知只有这些，余下的所有的报馆同事都在哪里？多半在故乡，一切均好。

几十年前，你会想到今天会是什么样子吗？不会。

报社的日子就像是做了一场梦，那梦是一场专属的青春季节。转瞬之间就掀过那么多日子和那么多年，斯时斯地，有说不出的感慨！似乎某一条路，某一个想法，某一阵风和雪花飘落都有其不可颠覆的哲学意义。

在岁月的最高端回眸，时间交错，日暖朝夕，滂沱的往事一幕幕，我们的芳华今何在？都风化成一枚枚晶莹的琉璃珠……

唯愿你我芳龄不再，芳华永存……

2019 年 11 月 5 日于北京

（这篇小文写的是我刚去报社早期的那段日子，老照片都成了稀世之珍，本文是我多方找到的最全的资料，还是有遗憾，但只能这样了。）

第三章

莘莘学子不见归

同学是什么？

是“相视一笑，莫逆于心……”

同学是什么？

是那伙抢你烟抽，穿你衣衫，和你抢一碗泡面的痴顽伙伴。

同学是什么？

是一个年轻部落里歌声的浩荡，横竖都是诗的最美体现，是青春无际的草，是漫天的蓝，是风刮过流泪却又豪放的瞎侃和笑侃的少年……

同学就是“三千颜色少了你，徒留灰暗……”

我的同学们啊，愿你我归来皆少年。

海师毕业前的最后一个夜晚

一

毕业宴很隆重，地点在学校礼堂，校长和老师讲完话了，他们走下台来敬酒。

下面是几千名学生，喧哗声此起彼伏。一桌桌的同窗，一双双晶亮的目光，一群群教室里共读的十七八岁少男少女。大家满腹心事，却是欢笑的样子。举着酒杯随声附和，宴会散场了，涌进涌出的都是神态各异的青春面容……

过道里的小男生们微醺后，三三两两地走在一起，发牢骚和骂人。

骂谁呢？骂自己，或互相对骂。

骂谁呢？骂时间就这样过去了，没有一丝痕迹！

骂谁呢？骂谁定的校规不准谈恋爱，可是一晃毕业了，却还没谈恋爱呢。

骂谁呢？骂学校不是不准抽烟吗，今天就抽了，怎么着吧！然后是烟雾缭绕，粗话连篇……

有人在激情地朗诵莎翁的经典台词："生存还是毁灭，这是一个值得考虑的问题。默然忍受命运的暴虐的毒箭，或是挺身反抗人世的无涯的苦难，通过斗争把它们扫清，这两种行为，哪一种更高贵？"

哪一种更高贵呢？不得而知。

我只记得有人喊我："哎哎！梳学生头的那个女生！你的两封信呢！怎么不来取？都是编辑部的！"我的心怦怦跳，扑过去，抢来信拆开看，都是退稿信。

七月流火，毕业季，我手攥着退稿信。心头像是哽住了什么，但莞尔一笑，都是那年那月那日子里的气氛。

二

于那个知识饥饿的年代，时而感到如饥似渴，读任何文字都令我欣喜若狂。我几乎凭着直觉饕餮一顿，那时外国文学刚刚解禁，当时读到了《当代美国短篇小说集》《活下去，并且要记住》《老人与海》《红与黑》《安娜·卡列尼娜》《简·爱》等，后来又搞到了美国作家杰克·伦敦的作品。

课余时间埋头写诗，望着校园静静的雪，写下一篇又一篇，沉浸于自己的创作兴奋之中，或颓唐，或感慨，或心事，都在诗歌里收获成自己的月光和天地，信徒般地与诗歌厮守。

后来夏重源校长知道了我在写诗歌，就把我写的一大本诗歌要去看，还作了批注和指导。他借给我《雪莱抒情诗选》。那样的日子那样默默无闻的我，既受宠若惊又诚惶诚恐……

后来得知夏校长在那时就写文艺评论，他的文稿不时地在著名文学杂志或报纸上发表。

现在偶尔想起，都是满满的温暖和怀念……

后来毕业，走向工作岗位，和夏校长疏于联系。再后来，听说夏校长英年早逝了。我知道时，已是他去世的几年后。

三

我在校时，朋友也不多，常和娟在一起说话。还记得有一天，夏校长把我和娟都狠狠地斥责了一回。

毕业季的那个傍晚，月色极美。年轻的心，就要步向社会的当口，豆蔻年华里的率真和青涩。我和娟不约而同地跑到了空旷的操场，操场上就我们两个人和偌大的一枚月亮。

我们忘乎所以地奔跑，把嗓音放大到极致，静静的操场，只有我们俩的声音，传得很远很远……

娟说：“我们跑吧！”

我说：“我们笑吧！”

娟说：“我们唱吧！”

然后是我们变了声的高唱，也不记得是什么歌，只记得那一天在操场的奔跑，随心所欲，痛快至极！

后来这声音惊动了值班的夏校长，他手电筒的强光逼近我们的眼睛。夏校长严厉地说：“你们在干什么？没毕业的学生还得学习呢！你以为就你们自己吗？！”

我们悻悻地跑开了，然后两个人痴痴地望着天上的月亮，手拉手沉默无言。

在那样的毕业季，在那样姣好的月色下，在毕业前的最后一个夜晚，两个女生的话支离破碎，我记不得了，却是当年最合时宜的心境。

四

几年前刚入学时是什么样子?

宿舍楼还没盖起来。我们蜗居在一所小学旁的一排小平房里，和教室分处两地。

每日拎着饭盒，在草木摇落的秋色里，在宿舍和教室之间跑来跑去。沙沙的风卷起树叶，纷纷扬扬的雪花打着脸，哈着气小跑着赶往教室。放晚学的时候小城没有路灯。女生们手拉手结成一群，走在漆黑的夜路上，小声唱着歌，壮着胆赶回宿舍，刚入学的那一学年几乎日日如此。

食堂坐落在一个低矮的土平房里，印象最深的是每日中午是黄澄澄的玉米面发糕和萝卜汤，偶尔有馒头和米饭，大家都会欢呼雀跃起来。

男生们快乐地敲着饭盒，女生们也喜不自禁，却还谨慎地花销着国家给的19元5角钱的助学金。手里小心地攥着那白底黑字的饭票和粉色的菜票，内心当然是欣欣然的。

值得骄傲的是，20世纪80年代考上学的学子们，全是公费的。因为我读书一切的一切都是国家供给的。再回望我的学校，真乃母校也!

放学了!哇!海师校园，涌进涌出的女生居多，成群结队，大家几乎都来自农村。来自农村的女孩儿，带着乡村的味道，腼腆、安静、白皙、羞赧，穿着乡村风的褂子。只有眉眼间的书卷气，才提示人们——哦，这一群素静原色的十七八岁少女，原来是海伦师范校刚入校的各个专业的女学生啊。

宿舍通往教室的路上，她们一群群，时而拥挤在一起，时而嬉笑着散开。如此青春清纯的一群，梳短辫子的、扎羊角辫的、齐耳短发的。她们欢声笑语，素面朝天，天蓝蓝，云悠悠，风习习，像音乐，吹呀吹……

每天晚自习结束到晚上9点半熄灯之前，属于最散漫而自由的时间。最盼望谁谁再喊："喂，你的信件！"异乡求学，能适时读着一封家书或同学来信，在雪色的腊月，在遥远的他乡，是那时最盼望的事……

每个女孩儿都虚荣！

每个女孩儿都八卦！

每个女孩儿都是聒噪的鸟儿……

私下里，大家会毫不隐讳地议论哪位老师讲课最经典，哪位女老师穿得最好看，哪位老师是来自异乡。他的普通话说得好不好，然后学上一句，齐声脱口而出，会心大笑。然后成为口头禅，都是那时课间私下里最开心的一幕。

五

女生们聚在一起，常小声议论你我她谁谁，又胖了！

我时而对着镜子看自己良久，拿起筷子忘了这点。对着镜子又惶惶然……那时有点婴儿肥的我，谋划最恰当的解决办法，这世上根本不会有鱼和熊掌兼得的好事。

彼时一位在食堂工作的大姐看着我打的五两饭和一碗萝卜汤，啧啧称赞。她端详着我的脸说："你们多能吃啊！能吃好啊！能吃是福啊！"

我盯着她老半天无语，那时的我，觉得这样的话无论多语重心长，都从心里感觉不是滋味……

熄灯铃响了，可宿舍里依旧还像炸开了锅。为了争论一个话题而面红耳赤，唇枪舌剑。

宿管老师就会大声地呵斥："不要喧哗！听没听见！"随即鸦雀无声。月光下，世界终于安静了。

还记得W来自本县海伦，生理期到了，这时便会懒在床上，让谁谁给她打饭。

后来她有好几天都没去上课，趴在宿舍无声地流泪。她说："去世的是我的亲姐姐……"那时也不懂说些安慰的话，只是站在她的床边，无声地难过……

死亡那黑色的字眼，令人恐怖而愕然，我在心里一遍遍地质问，人会有来生吗？那河流，那树木，那一阵春风和秋雨都是怎样的存在意义？我的家乡和我的爹娘他们可安好？

同桌是我的老乡，常和我的同桌牵手去教室，牵手去食堂吃饭，一起去自习。当大姨妈来的时候，不适随身，懒懒的不爱去食堂，我们就相互给对方打饭回来。那时坐在自己的床头吃饭，望着纷纷扬扬的雪片袭窗，淡淡的情谊陪伴着我的校园时光，真好！

一到拆洗被子的时候，我和她就合作起来。我缝这一头，她缝那一头，此时阳光洒到屋里，照在我们缝着的粉色团花被子上。我们小声哼唱《橘颂》——"后皇嘉树橘来服啊，受命不迁生南国啊！"有时竟然走神，把被子完全缝穿帮了。重新返工吧，然后只为这件小事两个人就笑得前仰后合……

在那热烈的青春季节，两个18岁女孩儿究竟笑些什么，想些什么呢？现在已说不清楚。只是日后才那么理解席慕蓉深刻的句子："青春的锦绣与贵重，就在于它的天真与无瑕，在于它的可遇而不可求，在于它的永不重回。"

那时我有一件碎草绿色小褂，是远方的叔叔给我买的，样子和颜色都非常好看，后来就成了我们照相的行头，几个女生都穿着那件衣服照相。

相片上的题字大致都是："18 岁纪念！""青春！"等。

利用自习课请假去取相片，取回花 5 角钱照的一张张黑白小照和合影。巷子口的风很大，都等不及回到宿舍，就拿出来反复地看。那春风，那照片，那年那月，都解读了所有青春时节的无尽情怀……

当我们的宿舍迁到新宿舍楼的时候，学校食堂的伙食大大改善。那日学校也同时给我们发了校服，蓝色的百褶裙和白衬衣。

忽然有一天我们宿舍的几位女生突发奇想，全都剪了日式短发。几个女孩儿一样的蓬松乌黑的头发，一样的裙子和衬衣，一样的头发一样的我和你，落落大方的我们走出宿舍。

哇哦！犹如美丽清新的春风吹过校园，这个小集体一下子引来好多男生和女生的关注……

有人在朗诵："蒹葭苍苍，白露为霜。所谓伊人，在水一方……"是时光是颠覆了我们，还是我们颠覆了时光？没有答案。

一想到这些就会感到人生像一部剧，聚聚散散，刹那便是流年。

六

转眼到了 2019 年……

几十年后，倏忽一瞬。

我的同桌毕业后做律师，一直失联。打听许久，直到今天依然如大海捞针，下落一直未知。

本人一介草民，定居北京，爱好如初。

余下所知消息甚少，大家都分散在世界的各个角落。曾聚过一两次，聚在一起的大家也都变了，不但是模样变了，且性格也大不相同。

相聚了，在互问短长之后，也没有别的可说，青春离开了原地，岁月的风改变和塑造了所有的人。我们平平静静的往昔，热热烈烈的往昔，纭纭众多的细碎，便都是那些过去了的和青春有关的日子了。

席慕蓉说："当我猜到答案，才发现，宴席已散，一切都已过去。当我猜到答案，才发现，一切都已过去，岁月早已换了谜题。"

虽然如今网络使地球成为一个村庄，可是紫陌红尘，长风卷起衣袖，俗世烟火，人人都有一堆烦心事。大家都不容易！感恩老师的培养和关怀！向同学们问好！祝君平安……

2019 年 12 月 20 日于北京

致多年未见的同学

一

海子有诗云："我要挥霍青春的岁月，然后去做铁石心肠的船长。"

可是活到这个年纪，我依旧单纯，依旧不够成熟和老练。我估计海子如果活到今天也不会成为铁石心肠的船长。因为山河易改，禀性难移啊。

上学时我和董红是师范中文专业的同班同学，我们爱好不一样，穿着打扮不一样，我在我的文字王国里徜徉和低回，她永远在她的篮球和体育里东跑西颠，乐此不疲，她是班副，做事干练，古道热肠……

我呢，文艺女青年一枚。在冷冽而清阔的氛围里，低头阅读，借阅许多名著。沉默地想，原来世界这么美好！原来这么好的东西这样轻易可得。我一头扑在上面，觉得世间最美的事，无非是阅读最美的书和写出最美的文章罢了。然后一张白纸，铺陈我所有的青春梦幻。

那时自顾读书，特立独行，除了和几个要好的朋友往来，其他什么都没看见。也不爱多说话，彻头彻尾的不合群。对文字可以掏心掏肺，在现实里却沉默寡言。在那段校园时光里，我贪婪地吸收视野所及的每一段文字带给我的欣喜，似乎在那里可以找到这个世界真正的意义。然后写着自己的感受。

一组组排列成行的文字写满我的日记……

是白桦林里的那支口哨
吹落的粼粼波涛么?
还是红帆船划过的那页手稿
雪花幻化成漫天的银蝶
投入远山的怀抱
落日的河塘里融进一首崭新的歌谣……

这些青涩的文字，都是那些年自己宣称的得意之作。其实，只有在那样的年纪，那样的青春季节，说出那样的话，才不会惹人笑。

为什么日后我会和董红走得近呢？是因为我们的性格里有些共同的地方，都很耿直。多少年过去了，我们再长谈，自嘲般的释怀大笑。

其实日子里何须那么多弯弯绕，回望来时路，侥幸地想，世间的直率并不一定都是坏事。

二

睡在我上铺的兄弟无声无息的你
我曾经问你的那些问题如今再没人问起
分给我烟抽的兄弟分给我快乐的往昔
你总是猜不对我手里的硬币摇摇头说这太神秘
你来的信写的越来越客气关于爱情你只字不提……

伏在案前，老狼演唱的歌《睡在我上铺的兄弟》（高晓松词曲）依旧回荡在耳边……

刚入学时，大家都住在一起，那时条件差。小小的宿舍，中文两个班的女生睡在相对两侧的大通铺上，董红是我的右邻，她紧靠窗。

就是在那一年秋天，我患了肠炎。万籁俱寂的深夜，我被阵阵的肚子疼搅醒，痛苦难耐。环视整个宿舍，白天叽叽喳喳的燕子们，此刻个个如同死猪。宿舍楼里没有卫生间，在这漆黑的夜，我应该把谁弄醒呢？身边的董红翻过身来，一滴涎水从她的嘴边流出……她憨态可掬地又翻过身去。

我趁势摇醒她，“董红你醒醒，你能陪我出去一趟……”

董红睡眼惺忪懵懂地瞪着我说：“这大半夜的你要干啥去？”

我哭笑不得说：“还干啥去，我肚子疼死了！我要上厕所……”

梦乡里睡得热乎乎的董红闻听此言，二话没说披衣起来，那一刻我被感动了，我觉得她极像我的姐。

那夜她一次次地陪我折腾了多少趟，我不记得了，只记得第二天她带我去的医院。

事后也不懂谢谢她，只是回想起来总是感慨萦心，我在日记里写下这样的句子：“微风吹拂，芒草青青，我们青春的日子如此鲜香美好。”

毕业季我们匆匆地就散了，师范二年的小专科散得像回巢的燕子，每个人都回归到适合自己的各个位置觅食、打拼，开始了另一种人生的历练。

三

可是只因为这件事，让我日后极惦念和想念她。有了些年纪，才懂得所有的孩子都是妈妈的掌上明珠，都是父母膝下的小儿女，没有应该和不应该，所以更加觉得友谊在不谙世事的年龄里尤为珍贵。

是青春自有尊严，还是人生注定有一段沉下来的寂然？总之我们大家都失联了，比如我和董红。

我不时地在试图找她，可是未果。只是在20世纪90年代末期，匆匆和她见了一面，而董红就如隐居了一样。我在新闻单位忙得焦头烂额，董红做了几年教师后，开农机配件商店当老板。所有这些都是我日后知道的，等我们联系到对方时都已经人到中年。

她在给我的微信里这样说："阿雅，这么多年，走过来不容易！风里雨里苦不堪言的时候太多了！尤其是在内外交困时，为了生活，为了引领孩子成长，自己暗暗坚守信念，太累了！也因此伤害了身体，落下了病根，可是我不后悔。直到今天回忆走过来的路，如同做梦一般。阿雅，现在的我，如一个刚刚迎着初升之阳光走来的小姑娘，刚刚知道应该好好地为自己活一回。"

人生不易！来时路不易！走过来不易！大家都是一样，所有的体会写满了过往里的沟沟壑壑……

四

咫尺几十年，恍如洪荒季……

现在一有时间我和董红就深聊起来，像两个痴玩的孩子。她给我寄来大红袍和普洱，我给她寄去我写的书，还有衣物等。

我们隔着时空聊到深夜，回忆青春时光，回忆过往来时路。似乎隔着夏天的麦穗，隔着青春时代的丁香花都能听到一滴水和另一滴水相遇的声音，青草拔节长起来的脆响，围着白色围巾的冬天里的雪片。

如果谈起同学情谊，最让我由衷感慨的是，每每坐在火车上回东北时，在白雪皑皑的大地上行走时，在春天的泥土里留下我深一脚浅一脚的足迹时，搓开碎金一样的玉米粒就闻到家乡的味道时。此时便是我倍加思念我的同学和亲友的时刻……

董红，也不知我们的母校什么样了？

那个小镇春绿冬白，冷得很，毕业后却从来没有回去过。可否约一次，我们大家共赴母校？重温昔日的青春痕迹，天地无涯，时间都化作了粉尘，大家行走在我们曾经走过的小路上，对于重温的青春大概再无什么遗憾了。

《红楼梦》里说："一番风雨路三千，把骨肉家园齐来抛闪。"离别母校后，我们都飞到了各自不同的地方和不同的目的地。董红在东北的齐齐哈尔，我在北京。

董红这么多年没有白努力，生活殷实，女儿孝顺。作为一个普通女子，人到中年还有什么比这更欣慰的呢。

由是说，在我预料之中，作为她的好友我倍感欣慰。

她给我发来她的照片，她旅游的照片、生活的照片等。我仔细地瞧着这些照片，顿觉一场青春真的就像一段仓皇落幕的节目，几十年转瞬没了，青春岁月和少女时代都去了哪里？青春真的无终结吗？

五

2018 年的某日，我惊闻我们班有一个男同学猝然离去，撒手人寰。

同班的同学，物伤其类啊！那日我一整天都在胡思乱想，我想起了我的学生时代，想起许许多多。想起了搁在案前的一件一件亟待解决和悬而未决的事情。

俯瞰人生一处处的场景和一条条的道路，难道我们每个人不是置身于人声鼎沸却如置身荒野？我在迷茫中翻阅着与我最亲切而最温暖的回忆。

同学很亲！

加上闺蜜同学更亲……

我择友不多，但我一直把我的最好的同学和最好的朋友，当作我人生最宝贵的不动产。

愿我们老的时候，在微红的灯光下，厚软的枕席，床头上几本书，是绝对无人打扰的安静，几个知心朋友静静地聊天，深远不同，一刹那觉得在流沙幻影的世界里什么都留不住，且让我们留住这恒定的美好吧。

愿你我归来皆少年……

一

此刻我捧着海师同学的炽烫的诗稿，沉默无言……

三十年啊，三十年是什么滋味？如果用脚步走会走几时？如果用尺子量会量多远？

我还记得我们的20岁，刚刚就在昨天。那个明媚的3月，穿过紫丁香的花瓣，穿过格桑花的草坪。穿过青春的喧哗和朗朗的笑声，穿过多少喜乐无常奔往我们的食堂，我们的教室，还有操场和我们的家园。

我还记得我们的20岁，刚刚就在金风吹来的8月。蓝色百褶裙如百卉萌动的青春啊，就在那样的蓝天下凝露盛开，打闹嬉戏和一个个青涩稚气的脸。

长街长，烟花繁，我再挑灯回看，所有的字迹如烟……

岁月慢，更漏轻缓，谁的歌还在三千痴缠……

时间的碎屑已经飘散，往昔的青春时代和繁华的往事已经飘零于崇山峻岭，万水千山……

我的同学啊，我愿你我归来皆少年……

学子们都哪儿去了？

飘落各地，风流云散……

此刻的问号是那么多余！痴问如旷野缄默，无边无际没有答案。

三十年啊，谁会相信，弹指一瞬间！

三十年啊，再聚首互问你老了吗，你还年轻吗，我们的老师呢。她还好，可他却已经永别了我们，再也不能相见了……

我的师友，我的伙伴，我亲爱的同学们啊，愿我们明日归来，此生平安。

二

同学是什么?

是“相视一笑，莫逆于心”……

同学是什么?

是那伙抢你烟抽，穿你衣衫，和你吃一碗泡面的痴顽伙伴。

同学是什么?

是一个年轻部落里歌声的浩荡，横竖都是诗的最美体现，是青春无际的草，是漫天的蓝，是风刮过流泪却又豪放的瞎侃和笑侃的少年……

同学就是“三千颜色少了你，徒留灰暗”……

我的同学们啊，愿你我归来皆少年。

三

有一天，我忽然得到一个同学的电话，其实这位同学在校期间对我照顾有加，我始终尊她为姐。

我欣喜得忘乎所以，在几千里之外直接把电话打了过去。可是对方拿起电话说你打错了，电话被冷冷地挂掉了……

此时我手拎着电话，不知该说什么，还是该做什么……

一个原点出发，乡音已改，大家彼此间最好的方式是相忘于江湖了吗？

后来直到有一天，我得知这位手足同学患了脑病，不能经受一点精神刺激。我才明白了她不接电话的真正原因。一股不是辛酸却已辛酸到了寒气逼人的情绪直逼我的胸口，它把我的心震荡得生生的痛……

泪水不自觉地淌了下来，我不得不承认，我们都已经人到中年了，我们都到了风刀霜寒严相逼的年纪了！

前几天我又看了一遍87版红楼梦剧组三十年再聚首的片子，看到他们一个一个被岁月重塑的命运，看到他们一个个在岁月里变化的脸。内心波涛起伏……

我在想当年如此青涩的同学们，现如今都在何方，行走在人生的哪片海、哪个路段……

你可安好？

你别来无恙？

你还如从前吗？

我们的余生还有多远？今夕何年？

背负着红尘万丈拖家带口的你啊，祝君平安！愿你我归来皆少年。

四

所有往事都被踩成微凉的故事了。

一场校殇，成了学子们那颗心永久的痛点……

最尊敬的夏校长英年早逝了……

海师校址不见了……

老师和同学手足又缺了谁?

所有校工分流解散了。

校园地被占了……

其实三十年忽而成为昨天，老师把一个个荒芜的音符结集成串，把青涩的苗儿染成桃李的火焰。她已为人师表，他在为官，她远在天涯，他在边关，她在异国他乡，她如同三毛书写至纯至洁的情感，他又挂印于新的征程，他成就非凡……

一切的一切，三十年不远，三十年的巨变，我们在想念我们的母校啊，难忘那桩桩件件，就在心头，就在最苍茫的远山。

其实那一天并不遥远……

饮罢飞雪夏花又一年，遗失的青春和不曾写完的段落，还有当年的壮语豪言。都是浓缩在和我们青春有关日子里啊，我们可否来一次相聚，站在老地方去端详昔日的蓝天……

我的同学啊，愿你我归来皆少年!

五

找一个理由回家吧，看看废弃的校园。

找一个原因聚一次吧，人生最非常的日子需要大醉一场，需要把酒言欢!

找一个理由，去见一见同学，时间一年又一年，青春已逝，年华已老，一声珍重，一句祝福，感同身受……

不要疏忽潦草，不要懵懵懂懂。

不要左顾右盼权衡盘算，人生没有倒流的时光……

让我们回归到原点，穿起温润的碎语片言，愿你我归来皆少年。

在大连的日子

一

最初决定去大连还是他提出来的，后来彼此商定，一拍即合。

再后来就是听凭他所有的意见和安排，我正忙于一个手头上的事而无暇顾及……

我敷衍他的虚荣心：“嫁鸡随鸡，嫁狗随狗，浪迹天涯不回头……”实话实说，是他的想法正合了我意，况且大连不是天涯，而是我最想亲近的一个城市。

人生十年八年便老了，时间有限，每个人都有颗挣脱桎梏的浩荡之心，况且那段日子我们活得忙碌、疲惫、杂乱无章，工作和事业就像一锅乱炖，知道是什么滋味又说不出是什么滋味……

走进大连，走进阿冰、若、宏的地界儿，三位东道主，笑逐颜开，好酒好菜。

但我在想，如果不是小住，那么就要有一个属于自己的窝棚，哪怕临时的，身下有床可栖，身上有瓦可依就好。

阿冰和若协助我在岸边建起了简约的家，位于海边九层楼的一居室，小巧简洁安适。楼下树木花草，槐树白色的花影间，知了在一阵紧似一阵地齐声歌唱。屋有水电、有煤气，有办公桌厨具，有网络，插上电脑世界便睁开了眼睛……

踏着碎石花样的地板，站在九楼的阳台上，翘望海上日出，新家让我如在梦里却又宾至如归。

大连太美了！她美在哪儿呢？

我一时语迟好久，直至今天我才郑重地拿起笔来写它。大连这个城市，就是你走在街上，走近它的身旁，闻听它的气息，你就会忽然间想起海子的诗和与诗有关的时光……

我在大连整整生活了一年多，一年多的时间里，我认识了大连，从陌生到熟悉……

我记住了槐花开满城的时候，大街小巷都弥漫了甜甜的果香……

我记住了梨花如雪的时候，漫山遍野如云似雾的梨花，还有梨花的味道环绕着整个山岚和海湾，缭绕在蓝天下的远远近近，涂满了你的视野和感觉……

我记住了合欢树撑起满树的灿烂，颔首于行人走过的街道……

我记住了霸道的桃花一丛一丛的，一树一树的，一片一片的抢镜惹眼，迷人的视线，醉人的魂魄，还有秋天里那火炬树的灿烂真的是美到了极致……

我记住了迎春花像多情的女子，舞动嫩黄色的水袖，在这个城市抢占着最娇媚的位置，无论庭前、公园还是街角……

我记住了樱花俊逸圣洁地开在我的窗前，我在那忙碌的时光里，怀抱着软枕，定睛那花影，却又沉沉睡去……

我记住了海浪升腾，大雾紧锁楼宇的情景……

我记住了这里的男人们豪饮着啤酒，生吃基围虾、海蛎子的情景……

我记住了和爱人常常走过的那条法桐掩映的街道……

我记住了和阿冰一起遛过的海岸、山顶和公园……

在这里有我许许多多难忘的日子，但每个日子都像分拣的信件一样让日后刮目。

二

大连是辽宁省下辖的城市，又是中央确定的计划单列市、副省级城市，拥有国务院批准设立的第一个经济技术开发区，也是东北地区唯一的保税区。

它位于辽东半岛的南端，地处黄海和渤海之滨，背依东北腹地，亚欧大陆的东岸，属暖温带半湿润大陆性季风气候，大连的风，吹面不寒，空气湿润爽人。是一望无际的碧海蓝天吗？不，忽而面朝大海，春暖花开了！

可是时而它又海雾升腾，铺天盖地，宛若仙境。雾退后城市像是敷过了面膜。湿润而羞答答的，不见一丝尘埃……

白色的小径，葱茏的绿色山顶，拾级而上的小街，傍海的楼群，紫色霞光染得如仙境般的海滨大道都是大连让你记住它的经典符号。

三

言归正传，奢侈地谈一下家史，和大连还有着或多或少的渊源。父亲早年参军，那一年正是抗美援朝之战的收尾时。父亲虽然没有真正上过前线，他所在部队却是抗美援朝的后备部队，在大连整整驻扎一年多，后来抗美援朝胜利了，再后来父亲便转业被分配到沈铁某部门。常常听父亲谈到大连和他在大连的日子。

舅舅于1984年在大连甘井子开了一家有色金属厂，生意做得风生水起。

再后来妹阿冰、若和宏都去了大连。忽而倥偬的岁月，她们如今都已五谷丰登，江山泰然了。

因为有亲人在，所以我便省略了一些繁文缛节。探寻这个城市的每一个美丽的角落和山峦，去熟络它的每一个地方和街角，都是在大连行为中理所应当而又快乐的事。

四

在大连的日子……

时而和阿冰和若去海浪翻卷的金石滩晒阳光，时而去铜牛岭爬山，时而去观音阁和响水寺敬香。古刹间“南阁飞云”“山城挂月”“朝阳飞雪”都是极好的景致……

我们还时而买几样海鲜，几杯啤酒，坐在绵软的枕席上聊天八卦。就这样在休息的日子里闭门谢客，无论何方神圣全然不理。就这样窝在床上，暖暖地坐在一起，讲各自的喜好，讲淤积的心事，讲疲惫的心，讲受伤的最疼处，回忆莽撞的少年时光，侃侃那时的青涩，诉说彼此的幸福……

绵绵密密直抵心的底层，在风的夜里，在雨的早晨，在异乡的周日，一席又一席柔软的话直抵心坎。

有时也去若家的葡萄园，她的葡萄园在山顶，没有网络，没有电，只靠风力发电，发来的电只够照明和做饭所需。

米是车运到山上去的，水是葡萄园的深井水，柴是葡萄园剪下来的树枝，三间瓦房一铺火炕，干净利落，宛若回到了20世纪80年代。

我们吃着若在山里种的小白菜、香菜、莴苣、小葱等，香得忘了你是谁，陡然间的隔世之感，你还记得身在现实生活中吗？简直就是岁月的飞速轮回。

在大连的日子……

时而深夜写稿，时而看着海浪发呆，时而心飞到很高很高，时而又飘忽坠地，有时去淘市，有时散漫地走在街上。

五

他在一家中日合资公司做事。

我那时兼任一家私立学校的语文老师，工资不算高也不算低，能保证我的日常所需。自认为腹有诗书，自认为小小的初中语文课在我手里就是把玩之物。想多挣点银子，再去应聘，可是也有吃当头棒、闭门羹的时候。它告诫你，天下的每一份欣喜和收获都无侥幸可言。

校长是个上海女人，她听完我的公开课直盯着我说："我们招的是初中语文老师的啦，是要考重点高中的啦！不是培育文学青年的啦好吧……"

我支吾了半天也没说出一句话，她的话彻底把我打败了，我无言以对，酸甜苦辣咸各是什么滋味？

那天下着小雨，站在无人走过的楼道上，对着一扇打开的明亮的窗，风吹着我的头发，我羞愧到了极点……

回去的路上，我一个人走在这样的微湿的风里，细雨打湿我的头发和裙子……

我沉默地看着过往行人，痴痴地站在雨里看着“蜘蛛侠”一样的农民工在摩天大楼上作业。他们要凭此养家糊口，月月年年！生活不一般，日子不平常！诗一样的日子经不起现实的残酷写意。

这就是平平仄仄的远方……

六

一年多的时间很快就过去了，我开着我的老爷车就要回京了。

走的时候若和宏帮我打点行李，然后各自告别。阿冰说：“姐，你走时我不送你了……”我明白她这句话的意思。这一年大家在一起待得像恋窝了一样，我知道阿冰的感受……

车经过盖州、沈阳、山海关。关山万里，我已经到北京的家了。却听说阿冰生病了，一种大聚后的忽然离开使阿冰病倒了，我的眼泪忽然滚滚而下……

匆匆地来到大连，匆匆地又别离了大连。静静地写下这段文字，虽然我依然是过客，但是大连，大连似是我的第二故乡，我会在远方倾听着你的动静。

2019 年 2 月 25 日于北京

没有网络的时代——我想你就去看你

一

家书怎样写，是老爸教我的。爸写信极简单，记得他给我写的信，读过他给三叔写的信，惜字如金！简洁得近乎枯燥和吝啬，真是“江水三千里，家书十五行”啊……

邮戳和那一纸信件都一如既往，一个形象，藏在我的心田。

家书何以珍贵？那是因为它情系心里的家，家书断了，肯定是家没了。而家还形同虚设，那也是父母都不在了。

你再回去，要么是外人，要么是客人……

而这两者的感受都是让你马上收敛起任达不拘，立马规矩和准则起来。切记人生除了父母在的老家，再无第二个这样的家。

二

回忆儿时，和一群孩子去生产队的麦田里偷麦子，心突突地跳，竟然欢天喜地……

在校园里掐了一大把格桑花和步步高，奔跑着拿回家，寻了一个玻璃罐倒上水，将花插在里面。然后喜不自禁，兀自微笑。

赶场似的去看露天电影，要命似的喜欢，谁也挡不住……

心里自幼圈养着一个词叫个性，父母非打即骂，但还是无视一切，不顾他人地生长和成长着……忆起来，细倾听，全是别处调适不出来的快乐。

这就是家！

那是爹娘所赐的皇天后土，别处无法代替。

三

曾记得儿时某年夏天，季节瑞丽，山川具美，这样的天最适合走亲戚了。

妈穿好了衣服，然后对我小声地说："把干净的衣服找出来。"

我诚惶诚恐，也不言语，马上把自己最好的行头找出来穿好，如沐春风般地等待着妈的指令。要知道，所有这些是背着妹妹进行的。

妈说："今天我们去小姨家！"

我问妈："为什么？"

妈嗔怪地瞪了我一眼："你不愿意去？"

我立刻反复不迭地小声说："愿意！愿意！当然愿意了！"

妈说："我想你小姨了呗，我们想她就去看她。"

去小姨家可不是一般的事儿，要步行30多里地啊！走过长长的玉米林，穿过多少毛毛道、荒滩、坟场……比较小的孩子是吃不消的，可见妈妈避开妹妹是明智的选择。

我和妈快乐地走在路上，累，特别累！小腿酸酸的，但都不愿意说出来。我眼里青青的原野，淡淡的雾霭，老树林的远方，对我而言，都是期待中的一次美丽假期，是一个倾城丽日！如妈妈所言：“我想你就去看你……”

四

少时不喜欢杜甫，没有“感时花溅泪，恨别鸟惊心”的感触。只喜欢李白，喜欢他“飞流直下三千尺”“仰天大笑出门去”。现在不然，老了，唯觉杜甫的诗那么贴心，那么深厚，深厚得直抵我心……

是因为长了年纪，还因为心怀也沧桑了！

而老了，也不大想出门（旅游除外），一是怕麻烦，二还是怕麻烦，三更是怕麻烦！妈晚年常说：“去谁家都不如自己家啊！”我曾不解，现在明白了。老了的我唯愿像一枝不华丽不矫情不雕饰的花儿，在我自己的角落，有文字伴着，一天一天自然而然，我既知足又习惯……

五

这是《北国之春》的歌词——

城里不知季节（已）变换，不知季节已变换。
妈妈犹在寄来包裹，送来寒衣御严冬。
故乡啊，故乡我的故乡，何时能回你怀中
棣棠（棠棣）丛丛，朝雾蒙蒙，水车小屋静。
传来阵阵歌声北国的春天，啊，北国的春天已来临。

家兄酷似老父亲，一对沉默寡言人……

每当听到这首歌，我的眼前总有一个顽固的画面，一位年老的长兄酷似父亲一样地坐在我的面前，沉默不语。

2020年回老家，是多年来我和长兄待在一起最多的几天，他住在养老所，人很孤寂，常来我家，我、爱人和他，我们三个想吃什么就做点什么。

9月的一个中午，我和爱人带着他去“回记”火锅店吃火锅，我们三个自在随便，温馨温暖。我们不谈过去，慢慢地吃，慢慢地喝，小酌一点酒。哥是不喝酒的，他以水代酒。他也不说什么，似乎觉得他想说的和能说的，还有没法说的都不说了。

我的长兄曾天生就是一个暴脾气，沾火就着。小时候的事我记忆犹新，可是人老了，他的性格也变了。

永远铭记，宽以待人是自我救赎的最好铭牌。无论对世人，无论对你我他都是最好的出路。

想想没有网络的时代，那烟火气让人心生温暖。人生有真意，我想你就去看你，不需要点赞，不需要留言，不需要留下脚印。

六

某天晚上梦见了二姐，梦境清晰到让我醒来还恋恋不舍，儿时偷玉米的糗事也一起入梦……

梦里的我十二三岁，十二三岁的我就想玉米吃，想到什么程度呢？想到去生产队的玉米地旁边站在那里望梅止渴，其实就是想去偷玉米。夜晚来临的时刻，惊恐而害怕，可是就在此时迎面走来了我的二姐。她亲切而嗔怪地望着我，似乎在责怪我这么晚还不回家。我喜出望外地奔到二姐的跟前说：“二姐，我就想玉米吃，我都想好久好久了，也没想到嘴……”

二姐听了我的话，犹豫了一下轻轻说：“跟我来吧！”我一下子有了靠山，就那么从容地和二姐钻进了玉米地。

也不知玉米偷没偷到手，却已经醒来，醒来的我泪水溢满双眼……

打仗亲兄弟，上阵父子兵。没想到在梦里，我的二姐依旧是我的同谋……

某年春，回老家。到家我给二姐的第一个电话就是：“姐，我想豆包吃，你家有吗？”二姐还是犹豫了一下说：“我家的已经没有了，不过你放心吧。”然后二姐来了，精致的江米面黏豆包呈现在我的眼前，二姐说：“我家都没了，我是在邻居家要的……”这就是姐妹。

姐妹之间待在一起可以安逸，可以颓唐，也可以批斗会一样批评和自我批评。可以直言不讳，可以数着星星聊家常。无论怎样粗糙的日子都能直抵心窝……如果是客套，虚情假意，那这份情谊就濒临凋亡了。

古代没有网络，没有电话，没有什么群，没有朋友圈，如果我想念你，就翻山越岭去看你！那真是一种最想念！

2020 年 12 月 18 日于北京

第四章

素年锦时

读着读着，我的泪水夺眶而出……

不是为了爱情，是《致橡树》里的爱情观感动了我。在这清晨的刹那，那首《致橡树》像一朵幽莲，它惊喜和感动了一颗少年的心。

玉兰花开好梦如诗

一

几天来，我几乎没有看书，也没有写字。写不下去，索性就不写。不咸不淡又不是我想要的。把浓浓淡淡的心思都陷落在一场静静的花事里。

三月季，玉兰花就开了。那静静的微笑，静静的绚烂，静静的怒放，静静的洁白，我被玉兰花感动得无以言说。跑到西长安大街，跑到天坛、植物园，去玉渊潭赏最早开放的玉兰花……

可是回到家，赫然发现院子里，洁白如雪的玉兰花已经开放，且开得快抵我窗了……那含笑的花朵莹莹于蓝天下，灼灼于我的窗前。

多久了？

是几年……

其实年年如约而开。

我却没发现……

而我整日低头写字，熟视无睹。要命的负罪感，在我的心里划成小小的伤痕。即刻涌上心头的不单单是刹那的倾倒，更是内疚、怜惜和慈悲……

我知道我是欠了玉兰花一笔文字债的！

二

玉兰属木兰科，树高二三丈，玉兰是先花后叶的。白的如凝脂，黄的韵致如玉，紫的脱俗高雅。阳春三月，一树花朵，像雪，像玉，像云，摇曳在楼宇间。微风轻拂，花开香远，宁静脱俗……

早春万木肃杀，玉兰就早早地开花了。查典方知那份美丽得来不易！

她的花芽在春节前的寒冬就分化了，毛茸茸的花蕾要经过一场又一场霜雪严寒的洗礼，再后来孕育着一场花开，爱和希望的过程就像破茧成蝶。

关上电脑，不禁想起苏芮演唱的《玉兰花》：

曾是走得艰辛，
过得刻苦
寒冷的冬渡
春暖开始绽放
却不愿攀附……
愿落地奉献香，
玉兰花，沉默的玉兰花……
（词曲作者：苏恒生）

闺蜜是一位护士，在老家相聚时和我讲起她刚工作时的尴尬：初就职的时候，工作来之不易，上班一年了，可还紧张。某天，遇到一位小患者，孩子很胖。经三次都没扎中，准备扎第四针的时候，孩子妈妈都不耐烦了。

当时她一头虚汗，陪伴的家属面面相觑，她沉默无语放下针头说声对不起，跑出了屋。

她跑到没人处，深呼吸，使劲地掐了自己一下，然后对着自己说：“工作一年了，你必须争气！”然后她迅速跑到护士室，换了衣服，将长发挽起，戴好口罩。信心来了，步伐更加从容，宛若她们的护士长。

她对患者及家属们说：“抱歉，刚才的是实习生，你们放心吧，我来了。”这次，一针见血，成了。

她说：“我要我的患者完全彻底地忘记那个不争气且心虚胆怯的我！难忘啊，每一个进步和成长都是苦逼出来的！”

我举起一杯橙汁，慢吞吞地碰了一下她的杯子微笑说：“这样的滋味我有……”

我 20 多岁借调到报社，那时的报社是铅字印刷，刚到报社两月有余。原文艺副刊编辑有事，须得有人替。那日早晨，总编指令我即刻上任，担起这份工作。业务总编交与我的工具是一把塑料三角尺、版样纸和厚厚的一摞来稿，再无话。我被晾到一张正待出版报纸的前沿，前不着村后不着店。我慌乱而茫茫然……

而眼下亟待解决的工作是，上午必须把待出版的整个副刊稿子和版样完美无缺地拿出来。

后院的印刷厂在中午 12 点前要等米下锅，流水的工作环节，环环相扣，谁耽误了就是耽误了整个报纸的出版时间！

正处于借调当口的我，胆战心惊是不言而喻的。镇定中给自己一剂强心剂吧。静静地不动声色，静静地为自己加油，那天忘记了吃中饭，午间没休。那秘而不宣的尴尬直至今天才敢说出口……

结局是没有耽误报纸流水工作环节，保质保量地完成了工作任务，也算一针见血了！后来借调转为正式。再后来，我把我的20多岁和30多岁都给了容纳我整个青春的报社。

三

每一树花开无不让人警醒。如同我的那位护士朋友，苦逼的时光，日子是生生的疼，但不要掉链子！哪怕力不可支，哪怕苦不堪言。但是一定要静静地开放。

为了岁月赋予我们的那份值得，还为了日后有份值得的回味……

写到此，我窗前的白玉兰花，含苞欲放。

2019年3月22日

美人如斯凌霄花

一

在文字的诗行里认识了她，虽不知她是什么样，却一路人云亦云，随波逐流——这便是人性的最弱处。

多少年了？把她定格在轻薄、势利的定义下再没翻身。后来真正认识了她后，我倍觉羞愧……

二

我的母校——北国边城的一座师范校。它初建于 20 世纪 80 年代，紧邻一所小学。小学通往师范院的过道上长了几棵遒劲的老榆树，矮墙旁是开得快、要炸裂的丁香花。

风回旋着，树叶沙沙响。一个少年倚在矮墙旁，把纸垫在膝头，在抄一位女教师日记本上的一首著名的诗《致橡树》。女教师耐心地等待着她，那日风大，手中的纸和笔都不太给力，但少年却极其执着。那个少年就是我，当时心海波涛翻滚……

作者怎么可以把诗写得这样好！后来发疯似的去买舒婷的诗集，跑遍小城的书店，结果空手而归。

星期日的早晨我抱着一本《简·爱》，《简·爱》里夹着一张纸，纸的上面是那日抄下来的《致橡树》。

我站在无人的操场上，目光伸向最遥远的天空，一遍遍地背着舒婷的《致橡树》……

我如果爱你——
绝不像攀援的凌霄花，
借你的高枝炫耀自己；
我如果爱你——
绝不学痴情的鸟儿，
为绿荫重复单调的歌曲；
也不止像泉源，
常年送来清凉的慰藉；
也不止像险峰，
增加你的高度，
衬托你的威仪……

读着读着，我的泪水夺眶而出……

不是为了爱情，是《致橡树》里的爱情观感动了我。在这清晨的刹那，那首《致橡树》像一朵幽莲，它惊喜和感动了一颗少年的心。

后来《致橡树》就刻在了心里，可以倒背如流……

可是我并不认识真正的凌霄花，凌霄花是什么样子，我不知道。

三

直到某年我去了深圳，在深圳的某深巷里。炎炎烈日下一片红色的花朵，将我的目光夺去。是什么花这么灿烂漂亮啊！那一条条美人藤覆盖了一面墙，花开放得争先恐后，铺天盖地，让人嘘唏的诗情画意难以描述。

同伴说：“这是凌霄花。”

我惊呼：“凌霄花？！”

同伴问我：“怎么了？”

我摇头说：“没怎么。”赶紧为自己的露怯和孤陋寡闻而沉默。

原来她就是凌霄花！

我被惊到了，心目中对凌霄花原来的定义立刻坍塌。人云亦云，随波逐流棒杀和误伤了多少好人？！

深圳的夏天奇热！太阳毒得人都钻进空调房里，而凌霄花却迎着太阳开放。第一眼我就被凌霄花的安静、坚强而打动！天下有这样趋炎附势的花吗？花和人一样，抵达内心的透彻只有自己知道。

至于白居易的咏叹，舒婷的笔下的诗行，不过是托物怀志，一己之说罢了。它又和凌霄花有什么关系呢？而烈日炎炎下的凌霄花啊，凭借着耐力和坚强，织锦岁月，沉默无言，不动声色……

我下了车，跑到这面花墙前。趁我还有一点时间，趁我还没远行，匆忙中和凌霄花拍了一张合影。没算拍好，可是毕竟留下了和凌霄花的一面之缘。

四

最难忘的是，有一次在北京一个胡同口的小院旁，看见了久未谋面的凌霄花。那是36摄氏度的大热天，凌霄花身旁的葫芦叶子都晒蔫了。可她还是蓬勃的笑意，开满院墙。那平常的院落，点点滴滴的碎响，小门小户的阳光雨露，只争朝夕的厚暖温良。岁月的薄情冷意她都不怕，只是一味地刻骨铭心，生死相随！落地生根！

凌霄花是藤本植物，一旦相爱相随，便不再回头。她的绵密，她的气息，她的景观，就全都倾肠倾肺倾其所有了。

一旦选择了，就高挂战旗，同呼吸共命运，一起颠沛流离一起遮风挡雨了……

不知为什么，一看到凌霄花我就想起了我苦命的妈妈，还有和妈妈一样的成千上万的那些男人背后的好妻子、好母亲和好女人……

她们不管是在什么样的条件下，都忠贞不贰、之死靡它！永远守候着那捧人世间至纯至洁的暖意，相伴永远……

后来又多次和凌霄花谋面，在南锣鼓巷、在水渠边的墙上、在栅栏边，她一如从前，笑意飞扬，多彩多姿，活得阳光、励志、乐观、坚强。

五

18岁的时光里，我从师范放假回家。到家的第一天，就接到了省报副刊编辑给我的信件，简短的信、稿费通知单和样报。那是我人生中发表的第一首诗《足迹》。

我把报纸和编辑给我的信件攥在手里，高兴得不知所以。那夜的月光明亮皎洁，我拉着妹妹在早春的月光里走了很久很久。觉得世界都在18岁的光阴里绽放和盛开了，年少青涩无知啊，看到自己的文字变成铅字的那种虚荣，有无法克制的得意和沾沾自喜。

后来自己当了编辑才知，发了一首诗歌，不过是在编辑流水作业里，正好撞着。编辑的目光稍微偏离一下，你的诗歌就是废纸了。而你的诗能在报纸中有了一席位置，多半和编辑心血来潮的眷顾有极大的关系。

难道你刚刚发表了一个豆腐块，就可以望穿文学的汪洋了？！天下何种大事小事不是这个道理。

备尝各种苦辣酸甜后，才知苍茫的天空下，哪一件事都不过是仁者见仁智者见智罢了。最要紧的是人生需要积淀！当你的人生有了厚度你才长了眼睛，有了见识，有了思想，你才不再人云亦云了。比如我早年对凌霄花的偏见，直至今日还心有戚戚焉……

它告诫我们，一滴水不是海，只认识了一棵树何以妄谈森林……

彼年的夏天，凌霄花又开放了，原来这位美人就生长在我的院子门口。

2019年8月27日于北京

老信封上缀满蜀葵花

一

翻开相册，发现一组照片。心头一惊！看见一片高高耸立，怒放的红色花朵，开得那么热烈和忘我……何时拍的照片？已想不起来。

深秋，我坐在老屋的大厅里，翻看旧日的报纸和信札……

才忽然想起有一年去白洋淀回来的路上，在停车场与卫生间的甬路旁，看见的这片花儿。遂掏出相机咔咔地拍下十多张照片，细看，一下子认出，原来它是遍及家乡各个地方的花儿。大家都叫她手绢花，回来拷贝在相册里再没顾及。

由于写作也爱上摄影，把各类拍回来的照片分类保管，放在各种文件夹里，比如桃花文件夹和玉兰花文件夹等。

而我拍回的手绢花却散扔在一个快要清理的文件夹里，如果我的鼠标再轻轻一动，它们就此没了！不经意的疏忽，它们幸存了下来。

瞬间有些心疼，嗔怪自己太潦草……

再查阅资料，手绢花就是蜀葵。

明代包鼎写道："红杏碧桃都过却，如今正是蜀葵时……"所有的花儿都谢了，唯有她还开在寒冷的深秋……

在家乡房前屋后，荒郊野外，没人搭理，没人种植。

野生的你，风一吹第二年就开花……

没有人想起给你浇水、施肥、护理。没有人知道你来自哪里，是如何落地生根的。你就这样朴实厚重！把落脚地当家了！

一大朵一大朵，白色红色紫色的。在风中憨笑，像麦田旁沉默的歌声，但没人注意你。

二

在读到梵高给他的弟弟提奥写的信时，感慨颇深……

信是这样写的："你保存的那些花卉，我已把它们画成组画。一枝百合花——有白色的，粉红色的，绿色的——由黑色衬托，有点像珍珠母镶嵌在日本黑漆器上；一束以蓝黑色为背景的橙红色卷丹花；一束以黄色为背景的紫色大丽花；以及以浅黄色为衬托的插在蓝色花瓶的唐菖蒲花。"

冯骥才在《最后的梵高》中说："世上只有一个人最理解梵高，鼓励他从事创作，向他提供使他坚持绘画所必需的生活用品及金钱，对他有着永不枯竭的亲爱之情。这种亲情梵高比什么都更需要。这个人就是他的胞弟，一生的知己提奥……"

原来那轻贱的背后，都藏着许多秘而不宣的故事和神话……

我又低头翻阅着我拍下的蜀葵照片，把它们藏好，收集在我的《花草集》里。翻看那些老照片、那些老信件、那些人、那些绵绵不休的风中故事。似乎阵阵风响都是繁花遍野的蜀葵花笑意。

生生不息的蜀葵花啊，天养着……

2020 年 5 月 5 日于北京

爱好——就像另一场恋爱

一

平生爱花，爱得不得了！看见花儿，就像奔赴一场恋爱——“初与君相识，便欲肺肠倾……”

性格是天生的，懂得，无他。

改不了，而且见了花儿，一定要照相，一定要拍下来。一定要与花儿一起微笑。木心说：“一出生就俗。”

我呢，既庸且俗，决绝独立。有花儿安顿人生，哪怕我是寂寞的，我是流浪的，我是孤独的，哪怕策马扬鞭风餐露宿，我的世界和氛围都会精致起来。

二

花这个字也很有意思，草字头下面一个化字，萋萋芳草，羽化成仙，花儿就是仙子，就是精灵，就是天使，天使你不爱，要么我与你无话可说，要么我与你形同陌路……

有人说：作家啊，全是疯子，画家就是精神病。

难怪既能画又能写的唐伯虎惊叹："牡丹花下死，做鬼也风流！"

我的这半辈子和那半辈子都爱花，没了花儿的世界无法活！

12岁的时候，我知道本村的G人家有盆栽的月季花。听说，红得烂漫了一窗。我用探询的口气盯着妈妈问："我们去要个小枝来吧，一定能栽活它！"

妈摇头说："即使能栽活，也是要不来的。"

幼小的我惊讶，这花儿何以这样金贵？它究竟是什么样的花儿？那花儿是什么样的意境？那意境是什么样的氛围？那氛围是怎样的繁华和壮丽，又这样难得？

"若非群玉山头见，会向瑶台月下逢"，花儿总能给人沉醉般的联想……

后来1999年夏季，我去了北京。我在北京的表妹雪儿家里住了下来，她当时在东四环的芳园里住。和表妹出门，放眼望去，整个将台路，一条街都是月季花。那一片花海和花墙让人惊讶惊艳！红色、玫红色、深红色、白色、乳白色、粉色、淡粉色、葡萄紫色。还有渐变的黄色，渐变的粉色，竟然也有绿色的月季！开满整个街道围墙，几乎全是香水月季。

我惊呆了！怎么可以有如此盛大的月季花市！一种燃烧的艳丽，夺目的光辉，让我沉默不语。此时此刻，说什么呢？什么都无须说。穿越宋唐，好诗铺天盖地，都无法言说我那一刻的心情。人像喝醉了一样。

我暗自想，北京！北京真是妙啊！在这里如果有个立锥之地也好啊！

俗女人的范儿，小女子的动荡之心上来了。心中有个地方，窃窃地蠢蠢欲动。这要命的心思一直在心内长成蓬蓬乱草。后来我在北京买了京牌车，再后来每年开着车来北京车检，再后来往还于老家和北京之间。

那花海已使我欲罢不能，后来做了北漂，漂着漂着就定居了。其实我来北京，花儿是最先的引路人！

三

北京4月开始，桃花、樱花、杏花、梨花、海棠、玉兰、丁香等花海成灾！

5月，牡丹蔷薇惊艳整个北京，木兰花香四溢……

6月，荷花荡漾，紫薇摇曳，玫瑰月季又接踵而至……

一入夏，月季就铺天盖地，直至深秋……

北京的市花是月季花，老北京人对花儿已经习以为常，可是我不，我对花儿，一如那年初见……

“肠断未忍扫，眼穿仍欲归。芳心向春尽，所得是沾衣。”这是唐代李商隐写的落花的句子……

李商隐写的其实是看落花的心情，而真正落在地上的花瓣成河成堆的那种场面才真的是震撼！让你瞬间明白人生，一朵花开就是一辈子！如果枉活，这一生白费了！至少要开放一回，开过了，撒手了！艳了一场，一夜扫尽，落幕成堆也值了。

我总是对花有着痴迷而丰富的联想……

比如，这世界的第一朵花儿叫什么名字？它绽放于何时？哪朵花开是大梦真觉？哪朵花有着神秘得近乎天书般的指令密码？！

比如昙花和夜来香为什么晚间开放？真是神秘的鬼花啊！

我的院子里的早樱花，每年都是那几日开放，像被人定时唤醒了一样。

四

一本资料上这样说："原来1996年1月的一个深夜，南京的一位古植物学家打开了一个纸包裹。里面装着的是他的同事几天前从东北采回的3块植物化石标本。前两块化石并没什么特别之处，然而看到第3块化石时，教授惊呆了——在枝条上赫然生着40多枚类似豆荚的果实，而这块化石是采自1.4亿年前的侏罗纪晚期地层！"

美国佛罗里达大学的大卫·迪切尔教授受邀与其共同研究。迪切尔教授研究古植物学四十年之久，他花在追寻人类"第一朵花"上的时间已有十五年！

大家试着打开了一个"豆荚"，结果掉出了一粒比大头针针头大不了多少的种子——

令人吃惊的是，这粒种子虽然已经干瘪，但在外面"豆荚"的保护下，居然经历了一亿多年的漫长岁月而没有石化！

从此，科学家们终于可以肯定，这就是已知最古老的果实，并且将它命名为"辽宁古果"。

有了果，肯定会有花，这是一定的。

一亿四千万年前开的花！多么让人不可想象！

五

一个第一次养花的女人由衷地向我感叹："平生第一次养花，好像平生第一次做女人！"

女人和花儿……

花儿和家……

素常俗常，牵连着俗世烟火，血脉融通，温暖着所有的日月。

张爱玲关于花儿的箴言是这样："每一个男子全都有过这样的两个女人，至少两个。娶了红玫瑰，久而久之，红的变成墙上的一抹蚊子血，白的还是床前明月光。娶了白玫瑰，白的便成衣服上的一粒饭粘子，红的却是心口上的一颗朱砂痣。"

张爱玲是不爱花的，胡兰成在《今生今世》里有过详尽描述。张爱玲为什么不爱花呢？她凉薄，一生没有孩子、没有烟火气、隐居、没有日子里的暖味。

她陷入一场没结局的爱里，就再没出来过，尽管她不承认。

胡兰成那一头已经有了新欢，可是她还顶着炮火连天，跑到温州给胡兰成送去 30 万元钱。那是她辛苦赚来的稿费，胡兰成照收不误，可是想挽回两个人的感情，没有下文。

张爱玲的后半生，就没看见过花儿……

六

印在布上的花儿，就是穿上了花之梦，我也喜欢老花布。

那些乡村妹子扯了红绿花布，缝了衣衫，挎了篮子，去集市逛啊逛的。像乡村篱笆旁灿烂的野玫瑰。风吹着她们的笑声，动荡了整个市场……

我也东施效颦过，多年前还没搬到北京之前，去北京时，爱逛老布店，舒心的手感，美妙的花色，我买了来，几剪子裁了，做成两件家居服。好看而妥帖，妹看了后两件都抢了去。回味一下，都是生活的原色和原味，甘之如饴……

彼时我常常暗想，当年怎么不做裁缝呢？做裁缝我可是有着独到的天分。

爱花、爱音乐、爱运动，首当其冲是爱花，已到了迷恋的程度。我们姐妹四个都爱花，这是遗传因素。

老舍先生也是极其爱花儿的，他在一篇文里这样说："当然，也有伤心的时候，今年夏天就有这么一回。三百株菊秧还在地上（没到移入盆中的时候），下了暴雨。邻家的墙倒了，菊秧被砸死者约三十多种，一百多棵。全家人几天都没有笑容。"

我的花儿北京的家有，东北老家也有，北京小区院子里满是。有了花儿才像家，才是家。有花之精髓潜入日子和灵魂，人一定是阳光的心怀，阳光的状态……

2020 年 8 月 16 日

总有一些欢喜和美好鼓励我阔步前行

一

春晚看了闫妮演的小品，不禁眼前一亮，闫妮一身黑衣，白皙的皮肤，修长、挺拔的身材。唉，人家已经48岁了！快50岁的人了，还那么妖娆美好。不觉涌现眼前的都是旖旎俏丽的词儿——清雅脱俗，姿容绝代，貌美如花。

看来人生的身外之物不论多华贵都是一桌流水席，只有自身建设，那才是最贵重的奢侈，才是最奢侈的贵重……

一个春节下来，我称称体重，胖了4斤！原来的衣服上身都不是原来的样子了，这样一直下去还不成猪？！大鱼大肉，香辣鲜香，样样俱全。放下屠刀，立地成佛吧！

苦海无边，回头是当务之急，最最关键的是一旦胖起来，衣柜里的衣服都不能心平气和地穿着了，岂不白糟践了！快步走再加上瑜伽来自虐。几天下来我恢复了常态。

对着镜子审视自己，重新把心放在该放的地方窃喜，还好，天下太平，城池泰然。

放下关于中年女人那种种歪理邪说，放下那种种戒律和没缘由的奇谈怪论，举心动念，满眼欢喜，牛仔裤、红皮装、素花阔腿裤配纯白打结小短装，等等。

穿自己喜欢穿的，戴自己喜欢戴的。

我的自身建设，是我自己的地盘，是我自己的一亩三分地，大江大河是别人的，我不奢望。我只为自己这一刻的懂得而沾沾自喜和洋洋自得。

日子里喜乐半斤，忧伤八两。殊不知这二者不是东风压倒西风就是西风压倒东风，一旦遇上点台风，哪里会有好日子过！所以本人把自己生活里林林总总的小喜乐都当成大阳光。

二

有一天朝气蓬勃地出门，蓝天白云如同触手可及，这样的天正好骑自行车，可是打开车锁，正欲前行，车链子掉了。我鼓捣半天也没弄好，莫名的沮丧。此时身旁走过来一个银发苍苍的大妈，她俯下身，三下五除二就把车链子弄好了。

我吃惊!

向大妈道谢……

大妈看着我说：“没什么，忙去吧，我年轻时候五行八作什么都做过，所以手不生。”她微笑着离开了。

一种小小的美好不期而遇，却是那样暖人心。

美好的事不一定是太阳，也或许是星星……

其实我们活在每日细碎的美好里，好人之间是惺惺相惜的!

那日发文《在大连的日子——诗意海浪拥抱着人间烟火》，有的读者对我说：“我在大连待了三四年，咋就没这么多感触呢。”

我不言语，只是微笑……

日子的温馨，太阳的光芒，花儿的芳香，每日咽下去的饭菜和粮食，你都没感觉那就不要怪别人了。有人说人生是一场夜路，我说这夜路如果有星星和月亮的陪伴，那么这个夜路一定是美好的。

在这美好的有星星有月亮的夜路上，再有一个人，有几个知心的人相伴岂不就是诗情画意了！

三

好：即美。从“女”到“子”。

意思是说从女到子都要好，都要美也。

好：另有一说，女子美丽漂亮，是为好。

无论凡夫俗子还是圣人妖孽，谁不爱美呢？

好：还有感动，感动于心，感动于情。

大大小小的美好，大大小小的感动汇成了我们精彩的人生，不然我们活着还有什么奔头呢？！

四

雁南飞，雁南飞，

雁叫声声心欲碎……

又是一年雁南飞！我心碎地唱这歌的时候正在外地读高中……

爸和三叔是亲兄弟，爸参加工作早，对弟弟们照顾有加。记得爸说，那年出差路过哈尔滨，身上最贵重的东西就是腕上的一块英格表。三叔那时在哈尔滨工作，三叔讷讷地走到爸爸的身边，说他准备结婚了。爸心生欢喜，为弟弟而高兴，可是作为长兄的爸爸给弟弟什么呢?

钱，手头不足。爸二话没说，就把腕表摘了下来递给了三叔。在那物质极其匮乏的年代，长兄为弟弟备上了唯一的最贵重的礼物。

后来由于爸下放到农村，生活水平每况愈下。是年爸重病，浑身浮肿，无着落。三叔得知后，将爸爸接到他家。三叔那时在黑龙江省商业局工作，爸被三叔安排到黑龙江省老干部疗养院治疗，那样的疗养院，是不需要家人去护理的。那时交通和通信都极其闭塞，只有三叔每日去疗养院看爸。爸究竟会怎样，我们所知甚少，担忧和无奈一言难尽……

可是一个月后爸爸被三叔健健康康地送了回来！全家人欢喜涕零，只记得爸和三叔那骨肉亲情的一幕幕，让当年不谙世事的我在异乡校园呜咽了好久。

人活得不单单是物质，还有比物质更精粹的东西，它是活给灵魂的美好，它鼓舞你一辈子，也温暖你一辈子，同时更照亮你一辈子……

五

西单女孩演唱的歌，每每听到心头热辣辣的……

我用时光等你，你不来我不老

等到我胡子长了，你发丝及腰

岁月花开早，情缘总迟到

我欠你个昨天

你还我个明朝……

（词曲作者：田然、李悠扬）

这般浓烈的等待，该是怎样的情缘呢？

因为，等便有救了，想想人生有多少次等？等后面连接着何等令人动容的故事……万事不关心，一如心判了死刑！美好又怎能与之有缘呢？

六

这篇文发在我的公众号上时，配的图片，均拍于2007年的秋天，取景全是故乡的草原。2007年像是我生命里的一个节点，现在再看这些照片，亲切！美好！因为有了岁月的积淀，还因为岁月筛过的故事更加精粹。

那一年我为自己倾尽全力布置了此生最艰难的作业，日后都圆满地完成了！阔别很久了。所以更应当记住那一年！记住那一年的美好……

2019年3月1日于北京

门前的丁香花

一

每一朵花儿，都是上苍派来的。

2020 年春天，家家重门深锁。我推开门，索性摘掉口罩，扑鼻的花香沁人心脾……一片丁香花开，塞满视野！闭塞了几个月的我，满心情怀，即刻有一种风吹着头发，白马驰过草原，车行至花香村口的感觉。

“地球大病”的日子！我门前的丁香花全开了！她不声不响，馨香了整个院子，馨香了整个春天……

大风、降温、冷雨，各种花儿先后败落，而丁香花依旧安然枝头，微笑不语。

4 月末，纷纷飘落的花瓣，如同下雪了。可是丁香花岿然不动，久久凝视，我无语和震撼！真是坚强的花儿！

二

昔年昔月，小学的围栏，紫色一片，花香弥漫整个校园。它是孩提时美丽的鲜花屏。北方 5 月里唯一又醉又美的花儿……

中学时代，校园围墙里一圈，全是开得淡紫和雪白的丁香花。那静静中的热烈，内敛中的温柔，沉默无言中的深情，带着书卷气和知性味萦绕着我的课堂。高考在即，忙里偷闲，依然不忘在旧书里追逐的兴奋。

我躲在花下看埃勒里·奎因《希腊棺材之谜》和《红楼梦》等，丁香花陪伴着我偷读禁书，那花儿真是香死了！美死了！而我捧着的那本侦探小说也真的迷死了！丁香花啊，就是我心中的校园树。

三

多年前的故乡，楼前绿地种的几株水杉死掉了。也没人搭理这块空地，那隙地一直荒芜着，每日经过这里，觉得可惜。

忽然有一次下乡，顺路到二姐家，二姐家居住的小村丁香环绕。

我问二姐能否要来几棵，二姐二话没说就去邻居家。不多时，二姐欣然抱回了九株白色丁香和三株玫瑰，都是一人多高的树苗啊！我开着车将它们运回来。

我把它们栽到我楼下的那块隙地上，天不下雨，旱象严重，我每日给它们浇水，它们竟然全活了！

之后我搬到北京，再回去，隙地已经让老乡种上了菜。还好，他们给我留下了一株丁香和两棵玫瑰树，它们所幸活下来了，我百感交集……

何人还记得当年一个书生曾远道将花儿运来，把它们栽活。难怪王维切切写下：“来日绮窗前，寒梅着花未。”

四

非洲坦桑尼亚的巴尔岛被丁香树覆盖，所以被称为“丁香之岛”。哈尔滨把丁香花命名为市花，小说《镜花缘》把丁香花列为花卉的“十二友”之一。

丁香花不是出奇地艳丽，可是她在所有花中，却名列十大香花，且排名第三！

栀子花第一，茉莉花第二，第三就是丁香花，第四是兰花，第五是桂花，第六是荷花，第七是玫瑰花，第八是紫罗兰，第九是水仙，第十是夜皇后。

她的香气高于桂花，不输给玫瑰和紫罗兰，就连兰花和夜皇后也逊色了很多。

丁香花亘古的香远。开在唐诗宋词里，开在柴扉、古刹、林间、庭院。当海棠未语，梨花半雪，丁香花就已绽放于豆蔻梢头了。

五

细读《红楼梦》的金陵十二钗……

林黛玉，于宝玉、宝钗大婚之夜泪尽而逝……

薛宝钗，在贾、薛两家的安排下，终于与宝玉成婚，可是后果可叹……

贾元春，无辜地死于宫廷的政治斗争……

贾探春，被南安太妃看中，被安排“和藩”远嫁为下一任南安王的王妃，随后发配边疆……

史湘云，嫁与卫若兰，最后他暴病而亡，湘云成为寡妇，悲痛欲绝……

妙玉，被贼人掳走，下落不明……

贾迎春，被孙绍祖虐待而死……

贾惜春，终于青灯古佛出家为尼……

王熙凤，因小产和操劳过度患有严重的“血崩之症”，贾府事情败露，王熙凤死于狱中……

贾巧姐，与刘姥姥的孙子板儿结婚，在乡下有了好结果，成了一位纺绩妇人。

李纨，带领诗社兴旺发达，而且把大观园治理成青春女儿的净土和乐园。

秦可卿，年轻早夭……

《红楼梦》里面的巧姐的判词是“势败休云贵，家亡莫论亲。偶因济刘氏，巧得遇恩人”。这两句话概括了巧姐的一生。

数数这金陵十二钗，好运的没几个！巧姐算是好运的。

丁香花便是巧姐辈，因平生自带三分邻家女和百姓缘，所以终有善果。

六

杜甫写道：“深栽小斋后，庶近幽人占。晚堕兰麝中，休怀粉身念。”我的沉溺是有道理的，病毒肆虐的日子，就在这样的城市，就在这样幽闭的院落，就在满眼缤纷的丁香花里，我都觉得奇怪，人还可以活得这样忘我，像风一样轻，幸亏有丁香花……

第五章

岁月长街

山连着山，坡连着坡，路远交错，疲倦时你总在思忖质问，为谁而活？

一转身就是繁花旷野啊，一转身就是星天如昨，一转身就是岁月之峰发如雪……

你感慨吗？那倾尽肝肠的一声悲催的叹息是何味道？

谁能回答？明日路途还远，该怎么做还得怎么做。明天依旧是一场劳心又劳力的拼搏……

难忘藏羚羊的跪拜

一

可可西里，这神奇的四个字是在书上有印象的。

那人烟无法触及的青色板块，苍凉、旷远、死寂。地处青藏高原腹地，面积浩渺无边，平均海拔 4600 米以上，是我国最大的无人区。

我在内心悄悄地向往着……

忽然有一天我被我儿子说的话给震惊了，他说：“妈，我要去青海，去可可西里……”

我说：“去那里干什么？”

儿子平平常常地说：“那里好啊。”

我说：“无人的地方就好吗？”

这句苍白无力的话等于没说，因为在我的骨子里，早就向往可可西里、塔里木、雪域高原，还有撒哈拉沙漠。对它们始终带着我精神上的膜拜和神圣的尊重。

我知道我阻止不了他，却又不得不承认母与子的爱好也有着惊人的相似！

我和儿子的对话就这样断了，后来是长长的沉默。可他还是去了可可西里……

于是从他走的那天起，我的梦境里就全是可可西里……

大漠风尘，荒无人烟，春风不度……电脑里响着易灵汐唱的《云上拉萨》。（作词：赵铁志　作曲：吴巍）

没到过布达拉
没看过金顶碧瓦
心沿着雅鲁藏布江
顺流直下　顺流直下
没见过格桑花
没骑过疾风藏马
我的梦在珠穆朗玛
一直攀爬　一直攀爬……

我的心如同长草，饭吃不香，觉睡不好，更写不下去字，我整天翻阅着可能找到的有关可可西里一切的资料，我埋头地读着，心向可可西里的方向遥望……

二

母与子有多远？
是血与肉的距离
还是前世与今生的距离……
下面请让我讲一个流传在西藏的藏羚羊的故事吧——

故事已经很久远了，可是我每次在地图上，电视里看到藏北无人区时，总会不由自主地想起这个故事的主人公——那只将母爱浓缩于深深一跪的藏羚羊……

那时候，枪杀、乱逮野生动物是不受法律惩罚的。就是在今天，可可西里的枪声仍然带来罪恶的余音，低回在自然保护区，低回在巡视卫士们的脚步难以达到的角落……

当年举目可见的藏羚羊、野马、野驴、雪鸡、黄羊等，眼下已经凤毛麟角了……

当年经常跑藏北的人总能看见一个肩披长发，留着浓密大胡子，脚蹬长筒藏靴的老猎人在青藏公路附近活动。

那支磨蹭得油光闪亮的杈子枪斜挂在他身上，身后的两头藏牦牛驮着沉甸甸的各种猎物，他无名无姓，云游四方。朝别藏北雪，夜宿江河源。饿时大火煮黄羊肉，渴时一碗冰雪水。

猎获的那些皮张自然会卖得一笔钱，他除了自己消费一部分外，更多地用来救济路遇的朝圣者，那些磕长头去拉萨朝觐的藏家人心甘情愿地走一条布满艰难和险情的漫漫长路。

每次老猎人在救济他们时总是含泪祝愿：上苍保佑，平安无事。杀生和慈善在老猎人身上共存，促使他放下手中的杈子枪是在发生了那样一件非同寻常的事情以后。

应该说那天是他很有福气的日子，大清早，他从帐篷里出来，伸伸懒腰，正准备要喝一铜碗酥油茶时，突然瞅见两步之遥对面的草坡上站立着一只肥肥壮壮的藏羚羊，他眼睛一亮，觉得是送上门来的美事！

沉睡了一夜的他浑身立即涌上来一股清爽的劲头，丝毫没有犹豫，就转身回到帐篷拿来了杈子枪，他举枪瞄了起来。奇怪的是，那只肥壮的羚羊并没有逃走，只是用乞求的眼神望着他，然后冲着他前行两步，用两条前腿扑通一声跪了下来……

与此同时，只见两行长泪从它眼里流了出来……

老猎人的心头一软，扣扳机的手不由得松了一下……

藏区流行着一句老幼皆知的俗语："天上飞的鸟，地上跑的鼠，都是通人性的。"

此时藏羚羊给他下跪自然是求他饶命了，他是个猎手，不被藏羚羊的悲悯打动是情理之中的事，他双眼一闭，扳机在手指下一动，枪声响起，那只藏羚羊便栽倒在地，它倒地后仍是跪卧的姿势，眼里的两行泪迹也清晰地留着……

那天，老猎人没有像往日那样当即将猎获的藏羚羊开膛、扒皮，他的眼前老是浮现着给他跪拜的那只藏羚羊……

他感到有些蹊跷……

藏羚羊为什么要下跪？

这是他几十年狩猎生涯中唯一见到的一次啊……

夜里躺在地铺上，他也久久难以入眠，双手一直颤抖着……

次日，老猎人怀着忐忑不安的心情将那只藏羚羊开膛扒皮，他的手仍在颤抖，腹腔在刀刃下打开了，他吃惊得出了声，手中的屠刀咣当一声掉在地上……

原来在藏羚羊的子宫里静静卧着一只小藏羚羊，它已经成形……这时候，老猎人才明白为什么那只藏羚羊的身体肥肥壮壮，也才明白它为什么要弯下笨重的身子向自己下跪……

它是在求猎人留下自己孩子的一条命呀！

天下所有慈母的跪拜，包括动物在内，都是神圣的！

老猎人的开膛破腹半途而停，当天，他没有出猎，在山坡上挖了个坑，将那只藏羚羊连同它那没有出世的孩子掩埋了……

同时埋掉的还有他的杈子枪……

从此这个老猎人在藏北草原上消失了，没人知道他的下落……

我的手离开键盘，泪水不由自主地淌了下来……

这是军旅作家王宗仁的作品——《藏羚羊的跪拜》，我一个字一个字地读了数遍……

惦念儿子的心情和藏羚羊的这一跪拜，让我的心波涛起伏，那夜我无法入睡……天下所有的母亲无论是穷过富过，是身无分文，还是讨饭流浪，只要有一口气，就要拼着命地保护她的儿女们……

爱我们的母亲吧——她们是这个世界里最美丽的天使。

不被待见的孩子

一

一般情况，我不追剧，因为害怕剧里面的泡沫和没完没了的磨戏。可电视剧《都挺好》我看了，一直追完。

看到苏明玉在母亲的强逼下，不妥协、不放弃的倔强性格，我似一下子穿越到了我的童年。手指在键盘上翻飞，那日的天空是灰色还是蓝色？那日是一地鸡毛还是乌烟瘴气？姐妹兄弟之间的亲疏碰撞，就像一部活色生香的闹剧，一幕一幕令人难忘……

二

何谓家庭中不被待见的孩子呢？

大凡孩子多的家庭没人搭理的那一个，被夹在中间推来搡去的那一个，重男轻女中不幸呱呱落地的那一个。

他们基本处于边缘地带，父母没时间搭理，他们便夹裹在姐妹兄弟中间，磕磕绊绊，跌跌撞撞，友好时大家一团和气，不好时兵戎相见。反正一路走来练就了个性和脾气。

没人待见，也绝不仰人鼻息，这样的孩子，多半脑袋后面长着反骨。他们要么独来独往，行侠仗义，要么揭竿而起，防守反击，在兵荒马乱里像一派乐活的野草。

我呢？

我们家七个孩子，女孩儿我排行老三，都算在一起我排行老六。

曾国藩说："养活一团春意思，撑起两根穷骨头。"文正公的话有道理。我在我们家就是不被爹娘待见，但是脑袋后面长着反骨的那一位。

苦辣酸甜咸，非打即骂，都尝过。在不被注意的地带里，战火纷飞，哭笑不得，涕泪交零……

直到人长大了去了报社工作，妈还挖苦我说："从小就这么个性！"我回头给妈一嘴："没办法，水深火热里练出来的！"

妈微笑不语，盯着我老半天。

流水般的岁月，转眼枯荣……

我和妈的对话似乎就响彻在远山的那边……

三

首先重申，每个妈妈都是爱她的孩子的，同样也包括我的妈妈，我的妈妈是我的亲娘，她当然是爱我的。

可是七个孩子，她的心思要分成七份，七份会平均么？妈妈是人而不是神。但是妈妈卸下母亲这个头衔之后，她也是个凡人，她同样有她的喜好和亲疏，这一点毋庸置疑。

我的妈妈早年在铁路工作还做领导，也算是见过世面的人，可是她的骨子里却重男轻女极其严重。

记得我上中学时，小哥在读高一，我们都上学。那日是学校布置集体劳动，我要去某生产队扒玉米，午饭自备。我家头一天晚上来了客人，妈妈招待客人的饭是白面花卷。我们家的家规是好吃的一定要等到来了客人再吃，有时招待客人的东西，待客人吃完，剩下的大家会分到一点。那日的花卷剩两个，却没有分。

第二天早晨装饭盒，妈对小哥说："把花卷带上！"然后不声不响地把两个花卷装在小哥的饭盒里，而我也正在装饭盒，我装的是窝头和咸菜，妈妈全然不顾我的感受。早晨阳光妩媚的堂屋，我沉默地往饭盒里装着窝头和咸菜，泪水蒙上了双眼……

类似的事回忆起来太多了，也太平常了，我原想那不过是困苦生活里的一顿烩饭。十个手指头还不一般齐呢！何况七个孩子。那滋味我不喜欢，也为之流过泪，可是还能下咽。

可是看了电视剧《都挺好》后，我猛然觉醒，觉醒后是一种再生的疼痛……

我劈头问我的先生："你家也是这样吗？"

先生直视我半天，觉得我的问话很多余，然后又接着看《都挺好》，他摇头……

我倒吸了一口凉气，看到了明玉，想到了自己，该死！怎么这个电视像给我演的一样。

四

七个孩子被妈妈领导着，像是部队里的一个班，妈是班长。

我期望得到班长的关注，可是妈妈的目光轮到我的时候，总是散淡而无神，或是没听见，或是几句话被妈妈怼了回来。比如在外面受欺负了，回家也不敢说，知道说了也没用，然后所有的血泪交流，都忍气吞声，独自咽下去。

远方的那些苦日子，我们家被人欺负也是常有的事，早春时节，有一次爆发了一场与某族人的战争，事情的原委当然不怨我们家，妈心碎，可想而知。

那日天都黑了，也不见母亲回来，年幼的我害怕妈妈这一去再也不回了，就去找妈妈。这一找，我走失了，掉到荒野里一个一丈多深的枯井里，我的呼喊被深夜路过的两位远房亲戚听到，被他们救出，好在我命大，不然那一夜，虽然没伤着，也会被活活冻死，后来那一夜是在远房亲戚家度过的。

可是就在这一夜，家里没有任何一个人想起找找我，想起有一个孩子还彻夜未归！也没有人问问，还有一个那么小的孩子不知去了哪里，究竟发生了什么，可能是这场战争的战火太大了，竟然忘记了还有一个小拖油瓶也在为它奔走呼号……

五

妈什么时候关注我呢？大病或流血时，肯定是会关注我的。可那毕竟是极少数时候。

有一回妈是真正关注我了。

读高二的时光，忙得昏天黑地，我备战着最后的冲刺。妈急切地捎来信，叫我请假回家，有重要事商量。

我莫名其妙，到了家，妈妈和亲戚们正襟危坐，齐刷刷的目光都看着我，妈妈迟疑着说："你不小了，有一个很好的机会，你要三思啊，错过了会后悔的……"

我惊诧地直盯着妈问："什么机会？！"

妈说："这么好的人家你别错过！"

原坐在床边的我，腾地站了起来，直视着妈："什么意思？！"

妈说："你表舅右派平反，他的男孩儿也给落实安排工作了，他们家托人来说媒……"

我瞪大眼睛看着我的妈妈，逼视着她说："你是要我别上学了，赶快嫁人是吗？"

妈妈急切地说："对对对！"

我将招待客人的所有茶杯子全掀到了地上，杯子全碎了。我大声地喊："不对！"

妈急了，她说："你不知好歹，人家有工作啊……你非气死我不可！"

我爆发般地大喊："有工作怎么啦？你们谁愿意去就去，别找我！"

当时16周岁的我，在痛苦叛逆的青春期，和妈妈暴风骤雨般地吵了起来。最后妈也没奈我何，我又回归了校园。

在去往校园的路上，一个人站在最高处，俯瞰大地，仰望天空，用一个孩子的目光端详人生，诸多难以接受，难以释怀的情愫波涛汹涌……

六

不被待见的时光好玩吗？不好玩。

可是不好玩的路却导致了这些倔强的孩子一天天地成长，比如苏明玉。对了，据说英国前首相戴维·卡梅伦也是他们家四个孩子中的老三，他自称成长过程中一直生活在哥哥的阴影里。

“黄山归来不看松”，去过黄山的人都知道，那些岩缝里长出来的大树，潇洒、挺拔、峻秀，后来都长成别具一格的风景了。

小草被踩过压过后，生命力旺盛得惊人！你看那野草每年一把山火烧过，第二年才是最唯美的辽阔草原！

英国《每日电讯报》专栏作家琳达·布莱尔说，有些特定的个性特征，跟你在兄弟姐妹中的排行有关。她说：“每抚养一个孩子，父母都会变得更明智。所以第三胎孩子成长过程中，父母对他们的限制会更宽松。这些孩子最可能成为富有创造力和敢于冒风险的人。他们可以尝试任何事物。而且，第三个孩子有很多可以学习和借鉴的事情。”

七

往事不堪回首，有一句话叫：“偏疼的儿子不得济。”

写在纸上的字不敢有半点造次，我负责任地说，小时候妈妈最不待见我，可是长大成人后却最依赖我，在姐妹兄弟中，她以为我最知心最负责。晚年的她，也最爱来我家，几乎每年都要在我家待上半年左右。

当我也做了母亲，我理解了妈妈，当年因为孩子多，她的精力有限。于是就有了厚此薄彼，就有了另眼相看。可是不被待见的孩子，就像野草一样变着法儿伸向更遥远的天空，而过度被宠被关爱的孩子自私、依赖、不肯吃苦、啃老、终生缺乏创造力。比如苏明成，这样的例子在现实生活里屡见不鲜……

时光淬炼成一道绚烂的彩虹，披在我童年和少年的时光，它水深火热吗？不！童年是一生的锦绣沙滩。

被时光打来的浪花，一朵一朵地捧给我，捧给今天的我，回味童年，回味我的青春时光和高中时代……

今天的我，无尽地感谢妈妈，感谢那样的时光馈赠于我的自立、要强和独一无二的童年。只是俯视如今，一家七八个孩子的大家庭的氛围，闹剧般的光影和岁月，已经完全闪躲在那段历史里，无影无踪了。那是一段特殊的历史，留给人们一段宝贵的人生百态图，未来不会有，今后不会有，也不可能再有了。

2019 年 3 月 26 日于北京

2016年岁尾——说给家人的心里话

一

2017年眨眼之间就要飞逝了，2018年又以平平仄仄般的脚步逼近。想想2016年还应该是昨天，可是它和我已时隔一年。我似乎还站在2016年的天空里瞭望那日暖暖的阳光，冬天里碧绿的叶子，清澈如音乐般流淌的泉水。还有我案头未干的墨迹和键盘上爬行的小路……

此刻我在想什么呢？

我在想着我们一家人于2016年在济南过的元旦。

那是一个极好的日子，2016年岁尾某日晨，我们起得特别早，儿子发动车的时候，外面还是安静的夜色。暗色的树影，暗蓝色的天空，皎洁的月光，犹如水墨画……风很凉，但不像东北那么凛冽，这是北京的冬天……

二

车稳稳地进入京沪高速，从车窗往外看，天极蓝，飞速闪过的是黛色青山。丹即兴读着手机上老舍的《济南的冬天》……

对于一个在北平住惯的人，像我，冬天要是不刮风，便觉得是奇迹；济南的冬天是没有风声的。对于一个刚由伦敦回来的人，像我，冬天要能看得见日光，便觉得是怪事；济南的冬天是响晴的。自然，在热带的地方，日光是永远那么毒，响亮的天气，反有点叫人害怕。可是，在北中国的冬天，而能有温晴的天气，济南真得算个宝地。

我一字一句地倾听着，在我们驱车将要拜谒济南冬天的此时，无疑这样的文字多么适合我们此时此刻的心境。

丹是个懂事的孩子，她是扬州人，是扬州的好山好水和她的父母培育了她。她自幼学习成绩优异，在国内读完重点高中和大学，然后远赴欧洲留学，现在回国在北京就职。

人生有很多事是天定之缘，之前我常常挂于嘴边的一首诗是白居易的《长相思》，闲暇常常作为口头禅：“汴水流，泗水流，流到瓜州古渡头。吴山点点愁……”这首词悠远、苍茫，甚至你能形象地听到诗里的音乐，如潺潺流动的河水。

诗中的“瓜州”就是现在的扬州……

忽然有一天留学的儿子从国外回来，微笑着把扬州的一位叫丹的羞涩白皙的女孩儿带到我的面前，儿子微笑而一本正经地说：“妈，她就是你的儿媳妇……”

我蒙住了，欣喜之中感觉喜事来得有点迅猛，我有点不适，有点无所适从。不过迅即莞尔一笑，内心如是说：原来我和扬州注定有一份不解之缘。

三

“汴水流，泗水流，流到瓜州古渡头。吴山点点愁……”

是点点愁吗？我怎么感觉我的门楣如沐春风……

人到中年后的大事，指日告结。

一位同事大姐在祝贺我的同时说：“阿雅也要做婆婆啦！”她喜悦而惊诧。

我戏谑地说：“是我不能够，还是我不够格？”

大姐剜了我一眼说：“嗐，我感叹时间啊，把小青年都变成婆婆了……”

我微笑着沉默无语，在时间里，大家都向一个方向走着，区别是快和慢，好与不好且让我们慢慢修行吧。

济南到了，我们一家人坐在鲁味的饭庄里，耳边是暖暖的音乐。

向外一瞥，天温润的蓝，济南的冬天，清澈无尘，似春光乍现，暖暖的日影，街景中稀疏的绿叶，柳丝如墨染，那石板路，那泉水，一家人坐在这临窗的日光下慢慢地吃着饭，幸福至极……

日子就这么贴心和质感起来。

四

当年儿子在国外留学的时候，想他想到最难耐的时候，就常常把他用过的纸笔，玩过的大头贴，高中时唱过的歌碟，都翻出来，翻出来后，无数次地看。或者先生开着车，拉着我到处转来转去。

东北的冬天冷得要把人冻住了，大地银装素裹，芦荻白色的花，凄清得在风里瑟瑟摇晃。静寂辽阔的雪野永远望不到头，它的边在哪儿？我不知道，只听见车里的音乐是刀郎的歌——

我站在北方的天空下
任晚风吹乱我头发
望着那映红天边的晚霞
我想那是天使的家
我站在北方的天空下
思念的你远在天涯
不知道这个世界到底有多大
但这里是我们永远的家……
（词曲：刀郎）

回到家，想儿子想得站也不是坐也不是，内心还是一片赶也赶不走的思念。

奇怪的是当我的儿子结识丹，当她成了他的女朋友。我反而不那么想他了，这是我真真切切的感受——一个独生子的妈妈真切的感受。

龙应台说："母亲，是个最高档的全职、全方位 CEO……"

此时此刻我这个 CEO 可以放心交差啦。

五

吃完饭我们游大明湖、趵突泉、千佛山……

大明湖公园建于 1957 年，它风光旖旎，冬天一湖残荷金灿灿的颜色，勾勒着大明湖别样风情，云也烟也，远远近近，迎着霞光，那景色让人不能不为之心动。

济南无风，天空似有若无地飘了几朵雪花，落在手背上就化了。即便偶尔有一丝风吹过，也像一抹暖意贴过脸庞，吹面不寒。

水是温暖的，温暖的水就这样在石下流着，温润得难得，我只轻轻地撩了一点，不想也不忍我的莽撞惊动这么清澈秀色的泉水。水里的绿藻绿绿地漂荡着，人们悠闲地拎着瓦罐去趵突泉打水，他们说那里的水是最养人的。

济南人的步伐是慢节奏的，他们在悠闲的慢日子里闲庭信步。七十二泉以趵突泉最著名，李苦禅纪念馆、李清照纪念堂都建在这里。

一天的旅游暂告一段落，傍晚我躺在宾馆里，翻看着拍下的照片，一种由衷的切切实实的幸福弥漫在心，幸福应该是有触感的，是有味道的，是有形象的，是相互感知的，只有感知了幸福，生活才会以最饱满的状态拥进你的日子。

值此 2017 年岁尾，我把散落在济南冬天的文字在此拾起，献给我们的 2018，献给未来的日子，因为每颗字都是我说给家里人的心里话……

这几天重读《曾国藩家书》，曾国藩说："禁大言以务实。"这话何其厚重！超和丹要记住，人生啊，这点最重要了。2017 年就要结束了！让我的只言片语连同那个无风且翠绿的冬天一起珍存起来吧——那是我们一家人在济南过的 2016 年元旦。

2017 年 11 月 20 日于北京

这世界总有个地方让你泪流满面

一

曾经多次想象向北而开的绿皮火车，想象漫天大雪和迎着风扑面而来的万水千山……

想象着一颗沉沉的赤子之心，风尘仆仆地扑向思念的柴门。可是而今回去，望着卧在旷野无边的故乡小村，心情平静而寡淡。

“满目山河空念远，落花风雨更伤春。不如怜取眼前人。”心头凭空蹦出晏殊的句子，且将此聊以自慰吧。

二

2017 年的 5 月底，我回到了故乡。

扒在车窗极目望去，嫩禾绒绒地覆盖着原野。踩着我熟悉和亲切的土地，我却找不到任何熟悉的人和熟悉的路……

司机停下车说：“到了。”

我还在疑问：“这么快？”

司机说：“对，你要找的地方就是这里，请问您去哪里？”

“我要去哪里？”

一时语塞，我也在问自己……

20世纪80年代我家就从这里搬走，之后所有亲人相继离开。还记得童年时屋后有一条水坝，很高很高，松花江水日日从屋后流过。还记得屋后有一条灌木的小树林，每年春季都开满白色的丁香花。还记得隔壁就是四姑姥家，她和我家关系甚好。还记得隔着两家就是哑巴家，她姓汪，每年深秋来临，妈就和四姑姥帮助哑巴糊窗纸，御寒过冬……

可是此时已全没了踪迹，没有了！

我沿着记忆，寻找印象中的路，小村静静的，静得让人有些幽闭和局促。

风徐徐地刮着，掀动门户紧闭掉了色的春联，旧红瑟瑟于风中……

偶尔有闲逛的老人和孩子走过，他们生分的眼神上下打量着我，看着这个从外地来的陌生人。偶尔传来隐隐的鸡鸭鹅的叫声，那温暖的声音一下子唤回了我的小学时代。似乎听到了第八套广播体操的声音如流水穿过晨光……

我打听原来的邻居四姑姥家，被问的人说：“她已经死去多年了！”我愕然，再问几个熟人亦未果。

茫茫人世，烟火流年，大家迁徙奔走，为了生计各自忙各自的事。亲人搬走，旧邻老去，新人我不认识。

我沉默地望着村后一排老白杨树，它灰白的叶子翻阅和喧哗着，提醒我岁月之快！白雪皑皑化江水，春秋还春秋，东流向东流……

三

打道回府吗？不。

我还是想去我们家原来居住的地方看看，在一位青年的引领下，我找到了我家原来的位置。一别经年，我已经确认不出原来的痕迹。我向青年说着原来邻居的名字，然后仔细地鉴别确认我童年的老屋……

青年说：“就是这个房和院落……”

我直直看着我曾日夜居住过的老屋，它竟然还在！可是如今的它，几经转手，早就属于别人家了。据说房主人决定不久将要翻盖房子，而我如果再迟来一步，就再也看不见这个我曾居住过的院落和老屋了。今日相逢——该是冥冥之中的天意……

一个土屋怎么可以在这里矗立六十年的光景！六十年的风雨变迁！它竟然还在？！

老屋如同一位风烛残年的老人，颤颤巍巍地立在蓝天之下。门破败，窗没有玻璃，黑洞洞的迎着风，像一位失明的奶奶。蓬草在微风里轻轻摇曳，发出嘶嘶的响声，如同沧桑而无词的调子，我泪湿双眼沉默地看着它……

有多少个阳光破云而出的日子我趴在那窗台上翘望漫天红霞，暮春绿色的雨滴，彩虹在云彩里折射的美丽条纹……

四

昔年昔日，爸妈下放后带着我们就被安顿在这样一个三间半砖半土的房屋里，他们对土屋进行了系统全面的修缮，曾记得窗子全换了窗玻璃，修了院墙，开辟了菜园，种上了果树，还打了一眼水井……

屋很宽敞，干净明亮，糊着报纸。睡不着的晚上，我们姐妹兄弟躺在炕上看棚顶贴的报纸上的一条条字，然后让大家找，那样的文字猫猫我们要玩很久很久，直至玩到困得睁不开眼为止……

还记得东屋墙边一个老榆木的大板柜，里面放着大家的衣服，还有终年不动的东西。一条妈从城里带回来的床单，淡绿的底色，手绘的花，非常好看，只有节日和来客人的时候才铺在东屋靠北窗的床上。阳光从玻璃窗上照在床单和枕席上，灿烂的氛围洋溢满屋，老牌的挂钟空灵地响过……

靠窗的床旁，摆着一个木箱，终年上着锁，那是爸爸的。那里面锁着爸爸的勋章和证书，是谁都不许动的。木箱上面放着很大的牛皮手提箱，里面放着妈妈的蓝色毛衣，爸爸的毛呢裤子。

我想起我们曾坐在有月亮的晚上，全家人坐在一起闲话，贪玩的黄昏，我和妹一边走回家，一边数天上的星星……

我想起白雪皑皑的冬日，妈妈做得最好吃的糯米豆包，放到竹帘上，然后拿到外面雪地冻得妥帖，再储存起来……

我想起我们全家人去草原打草，放眼草原无边的野花，我们全家人齐上阵，打了一小推车的牧草，以备冬日收草人来，换一些钱，补家用……

五

我想起爸爸偶尔雨休，就和前院的一位书生下棋，窗外雨声淅沥，爸爸的棋艺总是略胜一筹……

我想起我的妈妈花了9元6角钱为我买了一件淡黄色碎花的小外衣，那样的花销在当时真是奢侈啊，看着新衣我的心震荡不已，是童年那个夏季里最美好的气氛……

日日从村口的羊肠小道去上学，蓝天下，风儿吹过金色的麦田，我和一个叫香子的女孩儿坐在树林里，两个孩子用草叶系成扣儿，然后猜是否和对方同心……

白日里，阳光灼热地从沙果树筛下来细细点点的光斑，我就在这个院子的东边猫在沙果树下摘一个个香甜的金姑娘，然后在凉爽的微风里躺在蒲草上沉沉睡去。

我上学、放学在这里！我的爸爸妈妈泪眼婆娑的日光曾在这里！全家人的笑声和节日气氛曾在这里！我们暖和的下午和新学期的早晨曾在这里！我们美丽的梦呓和狸猫轻轻的脚步声曾在这里！爸爸妈妈舍生忘死地护佑我们长大的叹息曾在这里！

六

老屋一字一句似水的月华，倒挂着昔日零散风云和一指流年……

曾经天蓝水清的少年啊！哪个厅堂还在高谈阔论着烽烟漫卷和流年光影。“悠悠天宇旷，切切故乡情……”那院子里的阳光、那炊烟、那藩篱下的火红的豌豆花、那丰盈的白雪、那真情厚谊，似乎都曾在不远处……

老屋老矣！却没有任何多情的山水可以代替她在我心中的位置。今天我拍下了老屋所有的照片。留下她在我心中的样子，留下那青苔一样悠长的记忆……

忽然想起仓央嘉措那段经典心声：

那一刻，我升起风马，不为乞福，只为守候你的到来；

那一天，闭目在经殿香雾中，蓦然听见，你颂经中的真言；

那一日，垒起玛尼堆，不为修德，只为投下心湖的石子；

那一夜，我听了一宿梵唱，不为参悟，只为寻你的一丝气息；

那一月，我摇动所有的经筒，不为超度，只为触摸你的指尖；

那一年，磕长头匍匐在山路，不为觐见，只为贴着你的温暖；

那一世，转山转水转佛塔啊，不为修来生，只为途中与你相见；

那一瞬，我飞升成仙，不为长生，只为佑你平安喜乐；

…………

你累了我知道……

一

转眼就走到了仓促的中年。

从前你是花和叶，有人护理。现在你是树，是干，是要挺起胸膛，撑起头上的蓝天……

睁开眼，是你必须要庇护的他们——老人和孩子。

闭上眼，想着做完的一切怎么样——做没做好，还有什么。

在外，你温文尔雅，到家，你是散了架子的一摊泥……

真正的山是什么样？雄伟傲岸吗？

不是，是你低下头的那一瞬，是你的忍让和负重，是什么也不说，将不适和泪水都留给自己的那份缄默。

你累了，我知道……

还有——青春没了，花儿谢了，还有果吗？你为此而挣扎和拼命，你不服时间的无情和冷漠，你不为自己留下退路。夏过去就是素秋，你的生活姿势始终是转个不停，从没有为自己量身来一方最好的月色。

你累了，我知道……

引颈远眺，冰霜雨雪。你像一块铁一样地在日子里锤炼和修行，你是谁？你是中年的爸爸，有了白发的妈妈，身边的环卫大嫂，疲倦的扛包人，老了还争着去挣几个钱的亲爹……

万千风雨，旧事如昨，不说，你什么也不说，你是家的中流砥柱，你是家的舵手和魂魄……

你累了啊，我知道……

二

山连着山，坡连着坡。路远交错，疲倦时你总在思忖质问，为谁而活？

一转身就是繁花旷野啊，一转身就是星天如昨。一转身就是岁月之峰发如雪……

你感慨吗？那倾尽肝肠的一声悲催的叹息是何味道？

谁能回答？明日路途还远，该怎么做还得怎么做。明天依旧是一场劳心又劳力的拼搏……

我的中年朋友啊！

你累了，我知道……

一声更漏，千年静默……

说与不说，一指流沙三生看破。

“我很好啊，我不但赶上了末班车，还有一个座儿……”幸福和包容并蒂开出这万里云霓，那叫胸怀，那叫懂得，那叫一种羡煞人的中年品格……

三

不容易的时候渴望理解，走不动的时候说不要太执着。

其实都是给自己的鼓励和解脱，你累了，我知道……

华发变成回不去的黄粱，你的天空是全家人的星座，还说什么冷热、饥饱、白眼和不屑，一针一线，一捧热土一个回眸都是你一口咽下的所有景色……

大千世界啊，你什么没见过，知人知面，心里有，口不能说，这是人堆里的哲学，身累心也累啊……

中年时光之钟

就是这样滴滴答答地蹉跎……

总统也会累，铁人也会磨破。

人在江湖漂，心有千千结……

君不知这万般滋味由谁评说。

我的中年朋友啊，你累了我知道……

四

不去探讨谁对谁错了。

不去追究你输和我赢的结果。

那桌面上的凉茶是否还需要一个冷笑话去抚摸……

是是非非心中搁，龙门已摆好，关山万里，你依旧是一身风尘一路歌，你依旧是大气磅礴，一个擎起时代的雕塑。

我的中年朋友啊，你累了我知道，我懂得……

2017 年 4 月 10 日于北京

跋山涉水来看你

一

不是因为这个城市好或不好，而是因为在这个城市藏着我的老家，所以无论走到哪里都还惦记着它，因为乡愁别无种植，还因为血缘派生出来的心思大抵如此。

无论如何，恍兮惚兮在所难免，隔了几年，几十年，再回家，乡情总是给人惊艳和疼的感觉。南唐后主李煜说：“秋风庭院藓侵阶。一任珠帘闲不卷……”

时间在指尖飞若轻鸿！而我驻足于故乡蓝天下的这一刻，竟然是那样安静，天是深色的蓝，远处人影绰绰，素色懒散，声音旷世遥远。

到家了，站在门旁，密码却已忘记，半天才打开门。第一感觉，人事俱老。蛛丝、尘埃、外面的叫卖声和新邻居，窗口的老榆树和长风漫卷……

二

我放下行李和背包，环视老屋，就开始打扫整理除尘。走进书房，翻开一样样分类堆放的东西，似散乱的手稿，似经由的车站。拨开时光的微茫，便洞见了那样日子里的味道……

有妈妈曾读过的老本《圣经》，她晚年的时候每天啃读《圣经》，不认识的字或问我，或查字典。还有我的各类书，孩子小时的衣物，他用过的英语复读机。他的大学校徽、高中时的足球衫等。一切均在，多么美好！原来葱茏的山水，都珍藏在这里！

想想谁是时间的败寇，谁又不是呢？我的感觉就像《七里香》的歌词：

院子落叶跟我的思念厚厚一叠，几句是非也无法将我的热情冷却，你出现在我诗的每一页……

在这个房子整整住了十年时间，是我人生的最好的时光，后来就撇开它去了北京，如今来来往往或浓烈华丽，或素常新鲜，或陌生疏离，我终于可以有旧可怀，她是我的望乡……

摆在一角的茶色布艺插花，宛若从前……

一组细瓷小茶杯呈现在我面前，釉下彩的翠绿叶子活生生的，在青釉里像是要开出花来。这里斟满过我平淡平常且琉璃般的时光……

我曾用过的小音箱，插上电，就播放起了《往日时光》，还有一摞子上学时的读书笔记日记。珍贵地拾起它，就像捧出一个青春季节……

放眼一书柜有用和没用的书，发黄的老杂志，紫檀色的花架，20 世纪 90 年代报社发给每位职工的电子万年历，如今定好时，还可沙沙地走起来，不知里面还记没记载什么签字的文样，老皇历上飞起尘沙和当日的笑声……

站起身，望着窗外的蓝天，它蓝得那么深邃和寂寞。此时此刻，即便我冷眼看她，也还是那么草木清香。

三

连日来，我一味地低下头干活，几天没出门。

原来老的家具基本没动，壁橱里的餐具显然老了，非但能用，还很好。买了粮米油盐，老屋的烟火岁月立刻有了生机。

在集市上扯了一米碎草清香的精梳棉布，分成几个小块，给厨房里的白色小家电每人一个好看的华盖，嚯，温暖体贴就来了！

花儿是不能不买的，去了集市，买了绿萝、吊兰、虎皮兰、芦荟，分散在我的写字台上，屋角和阳台……

鲁迅言，那个荒芜的园子，不仅瓦砾成堆，杂草丛生，而且有树木、蔓藤和飞鸟虫兽，是他记忆里最快乐和好玩的地方。

在那里采摘紫红的桑椹和酸甜的覆盆子……

捉蟋蟀、玩斑蝥，有时挖何首乌的块根，摘木莲藤的果实……

夏天在树荫下纳凉，听蝉歌唱，看肥胖的黄蜂伏在菜花上……

寒冬飞雪，在雪地上捉鸟雀。盯着张飞鸟看……

还有光滑的石井栏，高大的皂荚树……

鲁迅的往昔好不热闹！

我徘徊在我的书房里，翻看整理着这一切一切。老照片，全本的电影和电视剧光碟，还有早年那细碎凌乱的文字，某某编辑部的退稿信等。那时梦想将来当作家，郑重其事地给自己起了一个笔名，叫沙鸥。第一次用笔名投稿。记得给《诗林》投稿信就用了这个笔名，也附上了我的原名，不记得那日的阳光云云，只记得《诗林》刊发了我的诗歌，用的是我的原名，当时《诗林》的编辑叫陈丹妮。

现在回味，这些细碎的小事是那么让人动情难忘……

四

一连几日，我低头在我的书房里搜寻整理我的斑蝥、木莲和覆盆子们。

我有一个毛病，换地方就睡不好，即便是我的老屋，一样积习难改。为了睡好，傍晚出去运动遛弯，邻居大姐迎面碰上，她拉着我的手说："这趟回来就别走了，那北京夏天太热了！有什么好？！它再好，它那儿有我们东北那么好吃的大米吗？有我们东北那么好吃的土豆、豆角、西红柿吗？！没有吧？这不得了！……"

我连连和她一起称赞起我们老家的诸多好！可是我去北京已经多年了，它的好我更是如数家珍。可是老家啊，也许今后是我生存的一块自留地，我会不时地来这里兜兜转转。

走在长街上，偶尔遇上熟人，大家都带着岁月的沧桑和慨叹。孩子同学的妈妈已经戴上了助听器，和她说话要大声地喊。新楼拔地而起，时光叮咚琳琅，月白风清的闲话和风声雨点都像昨日的唱片了……

有的邻居搬走了，有的邻居又回来了，有的房子拆了，另觅新址，走马灯似的人群来来往往。

人，漂泊和归来，都是走在路上的最好风景，比如我心心念念的老屋，和老屋承载的一切。漫漫人生路，一个个车站地奔着，来往告别，沸沸扬扬的赶场赶车时刻。郁闷过、急躁过、痛恨过，到风吹浮事终无言。我们的好，终究是质感的！珍惜她，无比幸福……

2020年7月7日

致敬所有苦难的日子

那一季过得好慢，那一季走得好远……

那一季是从心灵出发，翻山越岭，露宿风餐……

那一季像是孩子手中的棉花糖，膨胀得老大，却发现撑不开的面子在孩子手心里，窝成无数个泪点……

那一季生命苍白，太阳尚远，无可妥协的前途，苦辣酸甜画不出心中的答案……

那一季我把诗写得源远流长，那一季有太多的心思，重塑自己的角色，复杂、多变、陌生、痛苦和不安……

附庸着一个个淡白忙碌和不知东西南北的日子。

陌生的人群里，一个人沉默地读着最远的蓝天……

走在街上，空气里微甜，是槐花的语言，我支撑着我逗留的那一亩田。

装作无所谓的样子，实际上烦恼需要一点一点地减缓。

紫薇拂着石墙，蝉声互动着绵绵的雨点。铺开稿纸却写不出我的心思，还是不应该有的冒险，未来还有什么需要体验……

青春是一本书，

还是一条路?

西出阳关……

有时真的想家啊，那石阶，那飞雪，那茶桌，那一曲最爱听的克莱德曼和那个暖暖的屋檐。

有一双手这样去牵……

佛说，他最忌讳善变。

你说：这里边的哲学有太多的浅显中的艰难……

我说：日子的滋味有时是苦涩的，没什么，也许他月他年，我们都会觉得那一天，真的很美很美，那是我们要走的里程里不同的逗点。

一起颠沛流离的日子拿命换。

夜一程昼一程啊，遥远的星天……

你看雨来了，虽阴晴不定，但我只记得面朝大海花开灿烂。

亲爱的，那一天真的不远……

我固执地相信所有的没有的，未来的和不远的都会地广天宽……

慢吞吞的那一季，

只是我们路经的一个小小车站。

走过千山万水，走过万水千山，我才发现……

当我们老的那一天，瞌睡似的看着太阳的东升西偏，

看够每一站的风景、看够竞渡千帆、看够人生四季花开花残……

才懂那日曾有的似水流年……

是那样的不一样啊！不简单！金子般的不换。

2019 年 6 月 17 日于北京

缘分是书——致远方李梅

一

每个中国人都是一半烟火江湖，一半身在网络间游荡。不然吃喝拉撒都得受限。

我要把自己的一天分割成几份，给不同的海域。三扣四扣，七算八算，剩下来的时间少之又少。网络之海，迷茫而深邃，在这里写作、读文、栖息，更多的时候我像一只孤独而冷静的猫，不动声色，冷眼旁观。

因为我还有忙不迭的烟火岁月……

我还有七事八事……

我还是亲娘、人妻、戒不掉写作瘾的爬格子女人……

我也有作家神经差的毛病，我必须要保证每日基本和充足的睡眠。

无论网海细草生香，还是山雪、梅蕊、荒郊，我每日分给它的时间不过就那么点……

二

可是忽然有一天，一位叫梅的好友给我发来信息。她说：“阿雅，你在北京，你的朋友圈有 Rh 阴性血血型的朋友吗？《南方周刊》的一位记者病危，急需输血，他就是这个血型！他可是一位好记者，一个好人啊，我们要救救他……”

我知道这种血型是极其少见的！被医学界称为“熊猫血”。

接着李梅又向我发来求助信息：“求大家，谁有这方面的资源。想想辙，来挽救这位好记者的生命……”

我接到这个信息后，马上发朋友圈，我知道我能办到这样一件事希望是微茫的，可是还是想辙，联系各方面的关系，未果。

偌大的北京！“熊猫血”上哪儿去搞？！

三

一个静静的下午，梅又发来信息，她说：“不用了，他走了……”

梅远在深圳，我在北京，我们就这样相识了。

之后她关注我的文章，她知道我在北京，经常写文章。

不久，她于某年七夕节给我发来一篇她写的小文让我看看，文章的题目是《岁月如歌七夕有感》。

她写道：“一转眼我和老伴儿李力，已到了古稀之年。可一睁开眼看到他朝气蓬勃，忙忙碌碌的身影，听到他动人的歌声，我的心就是惬意和满足！”

“这哪里像 70 岁的老翁啊！明明我们老两口经历过的苦难几天几夜也说不完！可是岁月为什么没有在他的脸上留下痕迹呢？他仿佛又回到了年轻时代！细细地端详着他，还是那浓密的头发英俊的脸庞。一位 70 岁老人的脸根本不像啊！值此七夕佳节我写下此文作为纪念，老伴儿，有你，再苦的生活也不觉累；有你，再大的险阻也不怕；有你，再大的波折我不担忧；你知道当你‘小梅小梅’地叫着我的时候，我是多么幸福啊！我只能默默地心疼你，多做事多做家务让你有个舒适的生活环境。老伴儿，这么多年来，我从你的身上学会了那么多理解和包容，善良和感恩。你是我的丈夫，更是我的良师益友……”

文很朴素，但语言那么直白，当时我还觉得不好意思。

我微笑着送上对他们的七夕祝福，直到有一天家嫂永远地走了，长兄一个人独居。

每次我给他打电话，他的话语都极简单，报喜不报忧，“我很好！孩子们也很好，别惦记……”

实际上，我读到一个人失去另一半的那份独居的苦楚、孤单和寂寞……

昨天，偶然在我的收藏夹里，触及梅姐的那段文字。于是才觉得梅姐七夕时的感慨，那份骨子里的热烈和温暖，对于相依相伴的夫妻是多么重要和幸福的一件事。

在雍和宫我见到过欢喜佛，我第一次知道人世间还有这样通达的佛！还有这样荤素的佛，竟然被接受，被供奉，被容纳？！

一时间，我的心海旷达奔腾，欢喜佛，多么通情达理，善解人意！佛成人了，食人间烟火的佛！可爱之至。

梅姐是感性的女人，我也是感性的女人。感性是女人的一道风景。

感性、善良、助人，让我们彼此有缘相识。

如果一个人，对任何的事物都无动于衷，只是为了自己而活着，那该是多么无聊死性的一件事。

四

有一天，梅姐从深圳回来，约我去采访小萝卜头的家人（小萝卜头就是小说《红岩》里的那位送情报的小英雄），我惊诧地问她：“你怎么认识小萝卜头的家人？”

梅姐笑了，她向我道出原委。她原来是一位抗日老兵的后代。梅姐的父亲原来是一位让人尊敬的抗日老兵，曾得过抗日战争胜利 60 周年、70 周年纪念勋章，得过中华人民共和国成立 70 周年纪念勋章。

细聊才知，梅姐的娘家就在我家附近，原来我们还是邻居。

2020 年 3 月 11 日

第六章

命运性格机遇

最美好的事情不过是走在最难的路上时，彼此被照亮。彼此是贵人。心有灵犀，互相成就……

想不通的人啊，被路堵死了；走不通的路啊，被人心打开了。

最好的机遇就是彼此照亮

一

最美好的事情不过是走在最难的路上时，彼此被照亮。彼此是贵人。心有灵犀，互相成就……

想不通的人啊，被路堵死了；走不通的路啊，被人心打开了。

二

读了那么多书，走了那么多路，最感动我的一段文字依然是这段故事：

> 年轻的肖邦初到巴黎，无人赏识他的音乐天才，他偶识了乔治·桑，这是机遇。乔治·桑引他进入自己的沙龙的第一天，邀请了许多音乐界的名流，并告诉他们，大音乐家李斯特将为他们演奏钢琴曲。但有一个条件，需熄烛听之，黑暗中钢琴声将所有的人都陶醉了，琴声止掌声起。乔治·桑挽着李斯特持烛走到钢琴旁，这时人们才发现，演奏者原来并非李斯特，而是一个陌生的年轻人！持在法国女作家手中的蜡烛照亮了未来的大音乐家

的脸！

李斯特说："这位年轻人演奏得好极了！我非常羡佩他的天才！"从此肖邦名闻世界……

三

很多的时候，我们累的原因是太想着独享其成。

太急功近利，

太精于算计。

太斤斤计较……

终了是太霉运，太没机遇，太一事无成。"傻子"命好，别太精。

四

生活就是万千碎响混合的音乐，一会儿哭一会儿笑，一段曲折的路，一段光明的路，点点滴滴苦辣酸甜，回眸一看，已经半生了。

五

我原是你一千年前擦肩而过的路人甲，今生相伴到天涯。

这世界，百般多变，难为你为我守了岁岁四季，从冬到夏……

六

《红楼梦》里的金陵十二钗，个个样貌姣好。可是红楼一梦，梦梦都是眼泪和辛酸。唯独巧姐平安正常。为什么？那是善因结的果——当年王熙凤体恤刘姥姥积下的一点功德。

为人照亮的一柄烛，也温暖了自己日后的路……

没有什么人无一不能，没有什么事一成不变。你的长处和别人的短点都是世间上上下下晃动的光环……

当我们抬头一味地往高处看时，竟不知贵人就在身边啊，我们的眼且不要那么遥远而荒凉……

七

文学可不是没有用的事情，美好的文学家都是制造精神香料的大师。读好书的人像经历一场香薰的过程，当你书读多了，你这个人的味道肯定不一样了。

昨天，心中忽然涌出这样的句子：“凤吹声如隔彩霞，不知墙外是谁家。”这是谁的句子，忘了。后来查阅才知是唐代郎士元写的《听邻家吹笙》……

我捧着自己的心又重读了唐诗宋词，温习了数遍这首唐诗，有些文字真的是带着清香和水滴的，细品更是满怀清风荡漾，“待浮花浪蕊俱尽，伴君幽独”。读书吧，愿我们在大师们的香薰下更美好，更提升，更出类拔萃……

路漫漫其百态世相

一

整个冬天，窝在我自己的巢里，几乎不与人联系，一个人待着。

下午捧着一杯咖啡喝完，然后翻阅《万历十五年》。颈椎痛……

彼时农历龙抬头的日子刚到，早春还是凛冽的眼神，热情却是强大的。成群结队的迎春花已被信风叫醒了，阳光响亮，搅得人心神不安。

于是我丢下《万历十五年》，奔出家门……

二

素素的闲心一颗，骑着自行车慢慢地在潮白河边上骑行。喃喃的人语声，偶尔有汽笛响过，风轻轻地刮去落叶，暖阳披肩，顿觉颈椎的不适已经无影无踪了。

映入眼帘的是，河水旖旎，鸟儿啁啾。更惹眼的是那树上的空中之巢。一对一对悬于空中，白云抵窗，蓝天依傍，怡然自得……

河畔倾情的风，稳妥的烟火气。骨子里都是惬意，可谓“一笑白云外。知音三五人”啊！

两户人家，温暖踏实，比邻而居。

忽然想起在网上看到的一则新闻，这新闻发生在安徽六安。

民警巡逻途中，忽见一老太太独自行走在路上，进一步了解，方知老太 81 岁，后半夜睡不着，想去找 96 岁的闺蜜聊天，凌晨 4 点出门却迷路了。5 点多被民警发现，将她送到其闺蜜家后离去。此新闻一出，大家哗然。

两个寿星，一对可爱的老顽童，却有惊天动地的快乐和知足……

她们是一帆风顺吗？

不，她们活得是心头的一碧万顷……

三

读过《齐白石传》的人都知道，齐白石 57 岁时还在北京漂着，没房没钱没名气。

彼时北京扬沙天，齐白石坐在画室里画画，听到外面在吆喝卖大白菜。

他灵光一闪：要是画一张白菜，出去换上一车白菜，也够得上有故事、有下酒菜。

很快，他就将画卷好，走出去跟买菜老农说上几句。老农以为他是个大主顾，赶紧将最好的白菜挑出来，称得高高的，结果齐老从后面摸出一卷纸说：“我拿我画的白菜，换你这一车白菜，怎么样？”

那老农听了，连忙拉车就跑：“你这人是不是有病，一张纸换一车白菜，当我傻了！换一棵都嫌多。”

齐老的美梦落空了，只得夹着画灰溜溜地回到画室。

可叹这世上眼拙的人啊……

如今齐老的画，2019 年落槌价，高达人民币 8000 万元……

2019 年 3 月 10 日于北京

我的老家在农村

一

开往肇东的绿皮火车，需要一整夜的时间，它距离北京大约将近 3000 里路。夜，覆盖了外面的世界。闪过的原野、江河、翠谷山峦纷纷向后倒退。

我睡不着，伏在车窗处看那一抹星天。

想打开窗，看看哪一颗星，是故乡的导读，想探身窗外，看看哪一阵风是塞外的，哪一缕风来自东北。心随着铁轨的铿锵悦动而起伏跌宕，我又一次重温着老家的芳华田野和田野芳华……

肇东……

两个字，

曾无数次……

在我邮件的长路上颠簸。而肇东境内的那个小村，曾是我童年的最难忘的厚土，我记忆里贫瘠却又富庶的原乡。

二

故乡本不是第一眼就看好的地方，可是看久了，泪水和汗水流在那里，血和肉埋在那里，就成了故乡。

2020 年夏末，从北京回到故乡。鬼节将至，我给父亲去上坟。这是回老家最惦念的事情之一，他的墓地就在小村原野深处，在一片苍黄墨绿的白杨林中。

原野、微风、静静晃动的牧草、耳语般喧哗的白杨林……

我和小哥站在父亲的坟前，寒噤噤地抖开纸钱，似乎回到了年深月久的初心。

想知道乡愁是什么滋味吗？乡愁就是你想回而回不去，回去了也见不到想见的人，是无法解愁的那种亘古疼痛……

无论我走过多少地方，我的原籍一栏，永远写着故乡肇东的名字，民族永远写着汉族。我的老家永远在我的文字里闪烁。

可是事实并非如此，当我稍稍长大一些，我知道我们家是外地来的下放户，再大一些我知道我们家和别人家的传统习俗也不一样。

也就是说，我原以为的故乡，它不是我的出生地。每每在工作档案上要填写的民族，都是汉族，其实我不是汉族，我是满族人的后代。

三

祖父赵凤翱，满族，正黄旗，原籍辽宁省南芬的满族自治县。

祖母家姓刘，也是满族人，正黄旗，据说奶奶的娘家是当时南芬一带的望族。

在《清史稿》上查阅，姓刘的满族人在南芬一带大多姓钮祜禄氏。而奶奶家境是不一般的，据此断定，奶奶家可能是钮祜禄氏一族。

而赵姓的满族人究竟姓什么呢？有人说，许多赵姓的满族人姓什么什么觉罗。爸爸生前没仔细和我讲过，可是后来听人家说也姓觉罗。我不得而知，只好求助百度。

百度上说："关于'觉罗'的意思，历来说法不一。有人考证说，'觉罗'本就是汉语里'赵'的意思。'觉罗'一族，是被金人掳走的宋徽宗、宋钦宗的后人。这个故事，曾在早年满族老辈人中口口流传。有人作过调查：清朝灭亡后，东北及河北地区姓'觉罗'氏的满人没有一家改姓金，全部都改姓'赵'。据说真正的原因就是这个传说。"

真耶假耶？

所有这些，当然缺乏佐证，不过我的的确确是满族人的后代。

可是，祖父祖母为什么要改了民族和姓氏呢？我在一篇文章里读到这样一段话："英达是情景喜剧《我爱我家》的导演，他是清朝王爷的后人。他曾含泪道出了满人当时之所以要改姓的真相：在清朝灭亡后，曾经的'天潢贵胄'被无数百姓拿着棍子追着打，而他们只能够大声喊自己不是满人而是汉人，满人改汉姓便主要是集中在这个时期，等风头过去以后又有很多人改回了满姓。"

历史是深邃无比的山脉，家史也让我好生迷茫。我拘谨地站在历史的这端，怯生生地读着它的神秘和巍峨……

我该由哪儿写起呢？！

我出生时，爷爷奶奶已经进入耄耋之年。我恍惚记得奶奶在夏日里，总爱穿淡蓝色花旗布衫（长衫或旗袍）。奶奶的长相，是尖下巴，人很瘦弱，因为这个长相所以下嫁给爷爷。听到留下来的这些传闻，我茫然不解。历史的远方，审美观历来变化多端，现如今女子流行瘦弱，瘦弱而尖下巴的长相被推崇，如果奶奶活在今天，一定是位很受欢迎的美女吧。

爷爷总爱穿一件黑色的大氅，不染瑕疵，高个儿，他是一位骨骼清俊的老头儿，花白的头发，一口地道的沈阳口音，长得极像日本第八十一任首相村山富市，浓眉且长寿眉。

但爷爷并不长寿，他66岁就去世了，得病三天，临终前告诉爸爸说："我不行了，给我拿衣服来！"大家惊慌，爸爸拿来衣服帮他穿，他不让，自己穿好之后还看了看镜子里的自己……

然后溘然长逝……

人们泪眼嘘唏，他像奔赴一场盛会！

爷爷去世后三个月，奶奶也大病不起，享年68岁。

四

父亲名字叫赵桐福，早年参军，他参军时，正是中华人民共和国成立的前夜。他在部队入党，得过勋章。退伍之后被分配到本溪市某铁路车务段办工作，是一位老铁路人。后来被调到滨洲铁路的某车务段工作。

资料记载说："滨洲铁路，是原中俄共同修筑的东清铁路，即中东铁路的西部干线，故亦称为西部线，建于1898—1901年。全长934.8公里，其中黑龙江段长375公里，内蒙古段长560公里，隶属中国铁路哈尔滨局。线路自哈尔滨站起，向西偏北行进，经由肇东站、安达站、大庆西站、昂昂溪站，由成吉思汗站进入内蒙古，再经扎兰屯站、牙克石站、大雁站、海拉尔站、扎赉诺尔西站，到达满洲里站。"

父亲先后在牙克石和满洲里工作，之后辗转各地……

后来由于政治原因，由于响应国家号召，由于在城里挨饿，这三种因素促使我的父亲毅然决然地解甲归田，来到农村当农民。

父亲为人厚重，沉默寡言，改不了的沈阳口音。个头不算高，长相和三叔很相似，是个极其普通的老头儿。只是在爸爸和客人握手、谈话和寒暄之间，在他读书的时候，你一定会发现他与众不同的地方，一定知道他早年是很有阅历的。

他少年时，只读过私塾，没上过正规学校。可是父亲的读书视野却极宽，对读书的痴迷，伴随一生。农活闲暇，一定要看上一会儿书，那是他的一种享受。没有写字台，没有笔墨，书香气朴素而粗糙。随手有什么就读什么，但是惬意，妈会恳求他读出来听。

那样的雨休，那样的午后，回想，天蓝水清皆丽日，恍如昨天……

父亲在小村，没有太多的朋友，他常和前院的朗叔叔和林家二叔说话。还常和前院的一位书生下棋，他们俩是忘年交。书生总爱和他谈天，谈书里书外的世界，后来书生考学去了上海。

他还和灌区的齐叔叔很好，两个人见面就小酌几杯。就着酒，讲起早年的很多往事，却从不提现实的苦楚和难耐……

其实那时的日子是非常非常困难的，全家九口人，七个孩子，每个劳动日赚 5 角钱。平时是不开饷的，只是到了年末才能分红。不好的年成，根本分不到什么钱，只是分得了一家人一年的口粮。有时是入不敷出的，出现负数下年还给生产队。

这样的日子，仅凭一个人来养九口人，不知其中有多难多累！可是他们依然很知足，妈长叹一声说：“不管怎么说，孩子大人每顿饭都能吃饱了！”

因为父亲是中华人民共和国成立前的党员，乡里和村上都很照顾父亲。曾记得那时的松花江水是引入各个村屯的，村里就派父亲去看一个主干线的水渠。看水渠的活儿很轻，但责任重大。父亲把这个工作做得周到又万无一失，以致他在这个岗位上一干就是多年。

干这样的活儿，每年都是一等劳动力才能拿到的报酬，我们的日子有了明显的好转……

每每想到这件事，心就极其温暖。故乡啊，并不华美，却很实在，它像一碗米饭，是暖在灵魂深处的。

五

父亲，共姐妹兄弟六人。

二叔名字叫赵桐森，在辽宁本溪市的第十二中学工作，之后做领导，享年 90 岁。他一生平凡普通，可是却培养了一位大校军官，二叔家的长子来斌大哥，是我们家族最高级别的官员。

三叔名字叫赵桐林，工作在哈尔滨市商业局，三叔是唯一的市直机关干部。可三叔这位干部是抬轿的车夫，却又不是一般的车夫。

他当年给黑龙江省一位领导的夫人开车。数年数天，三叔去领导家如履平道。可是那时的官员既平凡普通，又平易近人。三叔伺候领导多年，勤恳厚道，任劳任怨，从不办越格的事，赞誉颇多。

老叔叫赵桐生，毕业于沈阳音乐学校，现在叫沈阳音乐学院。之后当教师，当小学校长，中学校长。音乐是他的专业，文章写得也棒，最后退休于边境的萝北县某机关。

老姑和我们一个村，老姑家出了一位在当地颇有名气的中医，他是我的国维表弟。二姑早逝，我就没见过二姑。

六

有人说命由天定，曾不信，可是后来我信了。比如你出生在哪儿，是谁把你带到这个世上来，皆是天意。比如我的出生地，就在内蒙古的一个小车站，它名字叫朝中，当年为了纪念我在这里出生，父亲曾给我取了个小名，叫朝中。后来改滨字了，再后来又改彬字，和滨洲铁路的滨同音。

曾记得，我小学四年级的时候，我们家收到父亲原单位的一封信，是写给父亲的。信寥寥数字，言简意赅，最关键的是问我父亲是否愿意回原单位工作。父亲拿着信，考虑再三，还是婉言谢绝了。

我读五年级时，一个春天的下午，我们家收到三叔的来信。信是由我读的，信的大致内容是，三叔问爸爸，是否愿意来哈尔滨，如果愿意来，可以先落户于薛家（薛家是哈尔滨的近郊）。三叔让爸放心，很快就能找到工作的。

父亲回信时，依然很决绝，还是没有离开小村的意思。

长大后的兄弟姐妹，对父母当年作的决定，颇有微词。

可是有一天，我无意中看到了一档节目，是央视四套播放的石柱村的采访纪实。之后，我释然了。那个村为什么叫石柱村呢？其原因是四百年前在村头立一石柱，上写石柱村。而不知什么时候，在石柱旁就长了一棵树。似水流年，斗转星移，小树长成大树。慢慢地大树把石柱环抱在怀里，血肉相连，休戚与共……

看完了这档节目，我的泪水盈满眼眶。血和肉都长在一起了，能分得开吗？！而爸爸彼时已经是一位地道的农民了，他最好的时间段已经过去。

我瞬间理解了父亲，明白了人在一个地方待久了的那份水土相依的执着，明白了乡情乡愁已经融入他老人家的血液，明白了脚下的土地和人是何等重要的关系！就连我们姐妹兄弟的内心深处，也深藏着一条满载着滚滚东去之水的大坝。坝上有父亲的背影，坝的那岸是一片片火红的高粱，淡紫色的马铃薯花儿。还有小村冬天里白得如诗如画的样子，它杂沓而渺远的烟火世相……

七

我刚刚毕业，父亲就突然离开了我们，他永远地走了……

家像经历了 8 级地震，世间所有的词也形容不出那天的惨烈和狼狈。妈和哥去找医生，我和妹守在他身边，看着他身体一点一点没了热度，不相信他就这样走了……

父亲年仅 61 岁。没留下一个字，没留下一张照片，甚至没有留下一句话……

“始知梧桐枝，可以徽黄金”。

父爱如山，他一生的付出，每一笔都是最好的交代了！

本溪的南芬，我和若去过，匆匆去匆匆回。

那是一方非常优美的山水，仙人洞、大峡谷、原始森林里的大冰沟，都是绝佳景色，可是我依然忘不了肇东，肇东境内的那个小村。一寸一寸的乡思是永远的，因为爸爸的心还在那里，因为血肉相连的足迹依然在那里。

2020 年 10 月 23 日于北京

你的性格是如何左右着你的前程

一

性格像是附在人身上的另一个潜在魂灵或指挥所，它无时无刻不在左右着你，它无时无刻不在左右着你怎么为人，怎么做事，怎么工作。它执着地伴随你一生，你可能会为自己的性格而高高地举起你的拳头说：“我赢了！我成功了！”这是你不服输的性格。

而他可能会捶胸顿足般地后悔：“悔不该当初……如果那样就不会今天这样了！”也是性格在一次次鬼使神差般地作祟。

二

什么样的性格就过什么日子，什么样的性格就走什么样的路。

人们都想好，可是没办法，山河易改，禀性难移啊！

回眸凝视我们走过的路，是不是都像梦一般跟它捉着迷藏。

换个活法可以吗？

当然可以，可能会比现在还好吗？

可是《红楼梦》里的焦大，活不成林妹妹的样子……

三

你的性格决定着你的人生方向，待你想摆脱她的纠缠时，往往是事后诸葛亮。

我们几乎义无反顾地和另一个自己醉意般地行走，俯首帖耳、披荆斩棘、一路奔波……有时我们像个可爱的孩子，有时我们又像塞万提斯笔下的堂吉诃德。

为什么诸葛亮一生谨慎，吕端大事不糊涂？

为什么陈景润对数学那么痴迷，以至于他的名字和哥德巴赫猜想连在一起震惊整个世界？

为什么有些人左顾右盼、畏首畏尾？

为什么有些人不撞南墙不回头？

为什么有些人会屡屡上当受骗？反思一下，究其原因，你肯定是有容易上当受骗的致命因素，比如你爱贪小便宜……

如果你懂得天下绝没有不花钱的午餐时，那场黄粱大梦一定早早清醒。

四

莫言说：“一个好铁匠，总是盼望着一块好钢的出世，然后用奇特的方式，使它服从自己的意志，变成一把宝刀。”

这就是性格。

三毛的生平富有浓郁的传奇色彩，无论是24岁只身远赴西班牙、德国和美国求学，再到后来的撒哈拉之旅，还是中年以后的中南美洲旅行，直至她以自尽的方式表达自己对命运的主宰，都显示出一个非同寻常的倔强女子的个性。而这些常人难以做到的传奇，毫无疑问是建立在三毛的性格基础上的。

这是三毛的性格。

这就是三毛走的路。

五

其实事物本身都有正反两个方面。海南岛的柏油路面是特别抗热的，40摄氏度以上也不熔化。

而哈尔滨的柏油路面能抗寒，零下30摄氏度不会脆裂。

这样说吧，海南岛的柏油路最不抗寒；哈尔滨的柏油路最禁不得热。它在告诉我们什么呢？事物某方面愈强，它的反方向愈弱。

因此适时适事地把握自己的路，因势利导，才能进退有余。

退而言之，多读书吧！多经历吧！没知识尚可，没常识就是致命伤！见多才能识广。

我们不要把自己毁在一井之天和一己之见上，要命的是还趋之若鹜，固执己见，就非常可惜了。

六

地上的路没有错，错的是在不同的时间里，我们背道而驰和南辕北辙。当我们踏向不同的道路，突然醒悟，早已时过境迁！

三分靠运七分靠己。时光是指尖的一粒粒沙，愿这一粒粒沙把你雕刻得妖精一样美，神仙一样淡定，菩萨一样的心肠，把性格里的浊气和弱点扔到海的那边去。

2017 年 8 月 1 日于北京